Idroponica

Manuale Completo su Come Iniziare Facilmente a Coltivare il Tuo Orto Attraverso il Sistema di Coltivazione Idroponica Fai da Te

Valentino Tau

Indice dei contenuti

———————

Grazie ancora per aver scelto questo libro, assicuratevi di lasciare una breve recensione su Amazon se vi piace, mi piacerebbe davvero sentire i vostri pensieri.

———————

Introduzione

Le parole "idroponica" e "fuori suolo" sono state e sono tuttora utilizzate per indicare lo stesso metodo di coltivazione, ma in questo testo la parola "idroponica" viene utilizzata quando i sistemi di coltivazione sono puramente idroponici, ovvero - per dire che non c'è un substrato di radicazione o si ritiene che il substrato di radicazione sia inerte. Il termine "fuori suolo" viene utilizzato per i sistemi di coltivazione associati alla produzione di colture in cui l'ambiente può interagire con le radici delle piante, ad esempio la materia organica come la torba e la corteccia di pino. Nella tecnologia biologica basata sulle piante si usano spesso due parole: cibo e nutrienti. Se queste parole non sono chiaramente definite e comprese, possono creare confusione. Negli anni '50, il termine alimento, utilizzato per identificare il fertilizzante chimico, una sostanza contenente uno o più elementi essenziali per le piante, è diventato un termine comune.

Oggi, nella letteratura agricola e orticola non è raro identificare i fertilizzanti NPK (azoto, fosforo, potassio) come alimenti per le piante, una combinazione di parole generalmente accettata e comune. La definizione del dizionario di alimenti per le piante è "sostanze inorganiche che le piante assorbono in forma gassosa o in soluzione acquosa" (Merriam Webster's Collegiate Dictionary, 10th ed., 1994). Questa definizione del dizionario sarebbe in linea con la combinazione di parole di alimenti per piante, perché i fertilizzanti chimici sono inorganici e l'assorbimento da parte delle radici degli elementi contenuti nei fertilizzanti chimici

1

avviene in un ambiente di soluzione acquosa. Di conseguenza, i termini cibo e/o alimenti vegetali non si riferirebbero a sostanze organiche destinate a essere utilizzate come fertilizzanti, poiché questi due termini sono già definiti per identificare sostanze inorganiche.

Pertanto, queste sostanze organiche destinate all'uso come fertilizzanti devono essere identificate con il loro nome e non come alimenti o vegetali. La parola nutriente non è chiara nel suo significato e viene utilizzata in molti campi scientifici diversi. La definizione di un dizionario non aiuta perché non è specifica, in quanto viene definita come "nutriente o ingrediente". Per quanto riguarda la nutrizione delle piante, i nutrienti sono uno dei tredici elementi minerali di base delle piante, suddivisi in due categorie: sei elementi minerali principali - N, P, K, Ca, Mg e S - si trovano in concentrazioni percentuali nella sostanza secca delle piante e sette micronutrienti - B, Cl, Cu, Fe, Mn, Mo e Zn - si trovano nella sostanza secca delle piante a livelli inferiori al 100% (cfr. pp. 35-37).

Per indicare uno dei tredici elementi minerali di base essenziali per una pianta, si usa spesso il termine nutriente vegetale, ad esempio per indicare che il P è un nutriente essenziale per la pianta. L'uso del termine nutriente non fornisce un'identificazione precisa come collegamento alle piante. Purtroppo, la terminologia utilizzata nelle riviste scientifiche e tecniche sulle piante è stata incoerente nell'identificare gli elementi minerali essenziali delle piante, chiamandoli nutrienti essenziali, nutrienti vegetali o semplicemente la parola nutrienti.

Per chi si occupa di scienze vegetali, in genere capisce il

significato di questi termini, ma per chi non è così esperto, la parola nutriente può essere usata per riferirsi a un'ampia varietà di sostanze come "un nutriente o un ingrediente". la parola nutriente è usata come termine completo per includere composti organici contenenti carbonio, idrogeno e ossigeno combinati e legati. Pertanto, ci si potrebbe chiedere: "Qual è la differenza tra un vegetale minerale e una sostanza identificata come nutriente che è una sostanza organica?". (Parker 1981; Landers 2001) È difficile rispondere a questa domanda perché i criteri per determinare l'essenzialità degli elementi minerali nei vegetali sono già stati stabiliti (Arnon e Stout 1939; vedi pag. 34), mentre i criteri di essenzialità per gli elementi diversi da quelli minerali erano assenti.

Pertanto, come per l'uso della parola cibo o alimento vegetale, l'uso della parola nutriente dovrebbe essere limitato all'identificazione dell'elemento minerale necessario per le piante; chi suggerisce un nutriente vegetale per una sostanza organica dovrebbe solo usare la parola per quella sostanza e non identificarla come nutriente.

Capitolo 1: Cos'è l'idroponica?

L'idroponica è la scienza della coltivazione di piante senza terra. Se non avete mai sentito parlare di idroponica, potreste aver sentito parlare di "coltura senza terra", un altro nome spesso usato per descrivere la stessa cosa. Vengono utilizzati gli stessi elementi naturali necessari per la crescita delle piante nel terreno, ma le vostre piante non sono limitate dalle erbacce o dai parassiti e dalle malattie che trasmettono il terreno.

Le tecniche idroponiche, anche se possono sembrare una nuova tecnologia, sono state utilizzate per secoli. I primi usi noti dell'idroponica sono stati i Giardini Pensili di Babilonia, i Giardini Galleggianti del Kashmir e gli abitanti degli Aztechi del Messico che usavano zattere su laghi poco profondi per coltivare le piante. Inoltre, i geroglifici egiziani risalenti a centinaia di anni prima di Cristo descrivono la coltivazione di piante in acqua. Più recentemente, le fattorie idroponiche mobili sono state utilizzate per nutrire i soldati durante la Seconda Guerra Mondiale nel Pacifico meridionale.

Oggi l'idroponica sta iniziando a svolgere un ruolo più importante nella produzione agricola globale. L'aumento della popolazione, i cambiamenti climatici, la scarsità d'acqua in alcune regioni o la scarsa qualità dell'acqua sono tutti fattori che influenzano la tendenza verso metodi di giardinaggio alternativi. L'idroponica permette a molti di avere cibo fresco dove normalmente lo consegnerebbero o lo conserverebbero per lunghi periodi di tempo. L'esempio migliore è quello dei sottomarini della Marina, dove l'idroponica viene utilizzata per fornire all'equipaggio frutta e verdura fresca. L'uso dell'idroponica nei Paesi in via di sviluppo è più utile, in quanto consente una produzione intensiva di cibo in aree limitate. L'unico limite di un sistema idroponico sostenibile è la disponibilità di acqua e nutrienti. Nelle aree in cui l'acqua dolce non è disponibile, si può utilizzare l'acqua di mare desalinizzata.

Il giardinaggio idroponico viene utilizzato a livello commerciale dagli anni '70, anche se solo di recente è diventato più popolare tra i coltivatori per hobby. La richiesta da parte della comunità di prodotti ecologici e sani è uno dei fattori principali di questa tendenza. Coltivando le piante in un sistema idroponico, saprete esattamente cosa è entrato nelle piante e potrete assicurarvi che non vengano utilizzati pesticidi nocivi che possono danneggiare la vostra salute e quella dell'ambiente.

Il processo di agricoltura idroponica nei nostri oceani risale ai tempi della creazione della Terra. L'agricoltura idroponica ha preceduto la coltivazione del suolo. Ma come risorsa agricola, molti ritengono che sia iniziata nell'antica città di Babilonia con i suoi famosi giardini pensili. Questi giardini sono annoverati tra le sette meraviglie del mondo antico e sono stati probabilmente uno dei primi tentativi riusciti di coltivazione idroponica.

La maggior parte della produzione di ortaggi in serra nei Paesi sviluppati avviene attraverso il sistema idroponico. Le ricerche del Tree Research and Development Center di Harrow, Ontario, hanno dato vita a un programma informatico brevettato, chiamato Tree Manure Manager, che controlla il flusso di nutrienti alle piante in serra.

L'idroponica è una scienza?

Questo test è stato ripetuto più volte senza alcuna risposta positiva. La maggior parte dei riferimenti bibliografici non caratterizza l'idroponica come una scienza, ma piuttosto come un altro metodo per lo sviluppo o la crescita delle piante. Tuttavia, il Webster's New World College Dictionary, quarta edizione (1999), definisce l'idroponica come "lo studio dello sviluppo o della creazione di piante in aggiunta a una ricca disposizione". Mi aspetterei che la prospettiva scientifica fosse legata al "supplemento di disposizione ricca". Nemmeno nella definizione di Wikipedia (www.wikipedia.com), e se l'idroponica non mostra "scienza". Presumibilmente, l'associazione principale è in realtà occupata da un'angolazione scientifica dalla National Aeronautical Space Administration (NASA), perché una sorta di cultura idroponica sarà la strategia scelta per sviluppare piante nello spazio o sui corpi celesti. La definizione del vocabolario universitario Merriam Webster per la scienza è "qualcosa (come un gioco o una strategia) che potrebbe essere considerato o appreso come informazione sistematizzata". L'idroponica è certamente un processo di sviluppo delle piante e ha raccolto molte informazioni relative allo sviluppo delle piante utilizzando la tecnica idroponica (o dovrebbe essere una strategia idroponica?), corrispondendo alla regola secondo cui "scienza" è data nella definizione precedente. Inoltre, vi è una raccolta di "dati sistematici" che corrisponde alla seconda parte della definizione scientifica.

Capitolo 2: Storia della coltura idroponica

Potreste aver visto alcuni tipi di piante senza terriccio crescere ovunque nei film o nei libri e averli trattati come una storia di fantascienza. Tuttavia, questa pratica (chiamata idroponica) è utilizzata da migliaia di anni.

I famosi giardini pensili babilonesi, intorno al 600 a.C., sono le prime testimonianze dell'idroponia.

Giardino pensile di Babilonia

Questi giardini furono costruiti lungo l'Eufrate in Babilonia. Poiché il clima della regione era secco e raramente pioveva, si ritiene che gli antichi babilonesi utilizzassero un sistema di trazione a catena per innaffiare le piante del giardino.

In questo metodo, l'acqua si ritirava dal fiume e si riversava lungo il sistema di catene, scendendo fino ai gradini o al piano terra del giardino.

Altre testimonianze di coltura idroponica nell'antichità sono state trovate con fattorie galleggianti intorno alla città isolana di Tenochtitlan dagli Aztechi in Messico nel X e XI secolo. Alla fine del XIII secolo, il ricercatore Marko Polo annotò nei suoi scritti di aver visto giardini galleggianti simili durante un viaggio in Cina.

Cronologia dello sviluppo idroponico moderno

Solo nel 1600 sono stati registrati esperimenti scientifici sulla crescita e sui costituenti delle piante. Il belga Jan Van Helmont indicò durante la sua esperienza che le piante attingono sostanze dall'acqua. Tuttavia, non sapeva che le piante avevano bisogno anche di anidride carbonica e ossigeno dall'aria.

John Woodward monitorò la crescita delle piante utilizzando la coltivazione in acqua nel 1699. Scoprì che le piante crescevano meglio nell'acqua con più terra. Giunse quindi alla conclusione che alcune sostanze presenti nell'acqua provenivano dal terreno, che faceva crescere le piante, e non dall'acqua stessa.

Nel 1804, De Saussure suggerì che le piante sono costituite da elementi chimici assorbiti dall'acqua, dal suolo e dall'aria. Boussignault, un chimico francese, verificò questa proposta nel 1851. Sperimentò la coltivazione di piante in un mezzo artificiale insolubile, comprendente sabbia, quarzo e carbone senza terra. Utilizzò solo acqua, medium e nutrienti chimici. Scoprì che le piante avevano bisogno di acqua e ne ricavavano idrogeno; la materia secca delle piante contiene idrogeno più carbonio e ossigeno dall'aria; le piante sono composte da azoto e altri nutrienti minerali.

Il 1860 e il 1861 segnarono la fine di una lunga ricerca delle fonti di sostanze nutritive necessarie per la coltivazione delle piante, quando due botanici tedeschi, Julius von Sachs e Wilhelm Knop, fornirono la prima formula standard per le sostanze nutritive disciolte nell'acqua in cui le piante potevano crescere: questa è l'origine "Nutricoltura". Oggi è chiamata coltura in acqua. Con questo metodo, la corteccia delle piante veniva completamente immersa in una soluzione acquosa contenente i minerali azoto (N), fosforo (P), potassio (K), magnesio (Mg), zolfo (S) e calcio (Ca). Sono ora visibili i macronutrienti o macronutrienti (elementi necessari in quantità relativamente elevate).

Tuttavia, è sorprendente che il metodo di coltivazione delle piante in acqua e soluzione nutritiva sia considerato solo come esperimento e utilizzato solo in laboratorio per la ricerca sulle piante.

L'interesse per l'applicazione della pratica nucleare si è manifestato nel 1925, quando è comparsa l'industria delle serre. I ricercatori si occupavano dei problemi legati ai metodi di coltivazione del suolo, alla sua struttura, alla fertilità e ai parassiti. Lavoravano intensamente per raccogliere i frutti della produzione di ortaggi nella produzione agricola estensiva.

All'inizio degli anni '30, W.F. Gericke dell'Università della California a Berkeley sperimentò la coltivazione per produrre colture. Inizialmente chiamò questo processo acquacoltura, ma lo abbandonò dopo aver appreso che il termine era usato per descrivere la coltura di organismi acquatici.

L'università dubitava ancora della sua storia di coltivazione di successo e chiese ad altri due studenti di indagare sulla sua richiesta. I due indagarono e riportarono i loro risultati in un bollettino agricolo del 1938 "Un metodo di coltivazione dell'acqua per far crescere le piante senza terra".

Hanno confermato l'uso dell'idroponica, ma hanno concluso la loro ricerca affermando che le coltivazioni idroponiche non sono migliori di quelle coltivate su terreni di qualità. Tuttavia, non hanno notato i numerosi vantaggi dell'idroponica rispetto alle pratiche culturali. Vantaggi che oggi tutti i coltivatori idroponici conoscono a memoria. All'inizio degli anni '30, W.F. Gericke dell'Università della California a Berkeley sperimentò la coltivazione per produrre colture. Inizialmente chiamò questo processo acquacoltura, ma lo abbandonò dopo aver appreso che il termine era usato per descrivere la coltura di organismi acquatici.

L'università dubitava ancora della sua storia di coltivazione di successo e chiese ad altri due studenti di indagare sulla sua richiesta. I due indagarono e riportarono le loro scoperte in un bollettino agricolo del 1938 "Un metodo di coltivazione dell'acqua per far crescere le piante senza terra".

Hanno confermato l'uso dell'idroponica, ma hanno concluso la loro ricerca affermando che le coltivazioni idroponiche non sono migliori di quelle coltivate su terreni di qualità. Tuttavia, non hanno notato i numerosi vantaggi dell'idroponica rispetto alle pratiche culturali. Vantaggi che oggi tutti i coltivatori idroponici conoscono a memoria.

La prima applicazione nota della selezione idroponica delle piante risale ai primi anni '40, quando la coltura idroponica fu utilizzata a Wake Island, un'isola senza terra nel Pacifico. L'isola serviva come punto di rifornimento per le compagnie americane. La mancanza di terreno rendeva impossibile coltivare con il metodo della coltivazione e incredibilmente costoso avere verdure fresche aerate. L'idroponica risolse appassionatamente i problemi e fornì verdure fresche a intere truppe su quest'isola remota.

Capitolo 3: Idroponica generale

Vi starete chiedendo cosa c'è di così specifico in questo marchio e perché tutto il rumore che lo circonda. General Hydroponics è il nome colloquiale di una gamma di prodotti di qualità che forniscono una nutrizione completa per i sistemi in terra e idroponici.

Le piante richiedono che ci siano tutte le condizioni necessarie per la loro crescita. Ed è vostro dovere, in quanto coltivatori responsabili, garantirle. I sistemi idroponici sono sistemi senza terriccio. Ciò significa che hanno bisogno di una sorta di strato nutritivo che contenga i minerali necessari per una crescita sana.

Utilizzare un fertilizzante idroponico che contenga una dose completa di sostanze nutritive per il vostro giardino non è una cattiva idea. In questo modo si risparmia molto stress e tempo nel giardino e nel negozio. E non dimentichiamo qualche dollaro in più, quando avrete finito di usare un prodotto di qualità inferiore.

Perché l'idroponica generale?

General Hydroponics offre una soluzione nutritiva completa per le piante. Indipendentemente dal fatto che abbiate un sistema in terra o idroponico, volete un raccolto abbondante alla fine della stagione di crescita. Per questo motivo è necessario nutrire le piante con i nutrienti necessari per una crescita sana. Questo marchio contiene tutti i nutrienti necessari.

Se avete ancora difficoltà a decidere se questo è il prodotto giusto per voi, ecco alcuni motivi da prendere in considerazione

Supporta i sistemi idroponici

Può essere molto difficile trovare la miscela giusta per il vostro sistema idroponico. In questo caso, i nutrienti provenienti dalla coltivazione idroponica in terra sono generalmente considerati migliori di altri prodotti. Un'ampia gamma di prodotti è progettata per supportare tutti i sistemi idroponici.

Nutrienti generali per la coltivazione idroponica del suolo

Contiene tutti i nutrienti

Un'ampia gamma di prodotti è stata studiata per fornire alle piante tutti i nutrienti di cui hanno bisogno. Contiene ingredienti primari, secondari e micronutrienti completi necessari per aumentare la resa e migliorare la qualità del raccolto. Le piante hanno bisogno di fosforo, potassio e magnesio per essere disponibili nel sistema del suolo. Altri elementi presenti in questo prodotto sono azoto, calcio e zolfo. Questi elementi sono altrettanto importanti per lo sviluppo sano delle piante.

Facile da usare

È facile applicare diverse offerte di prodotti. Non dovete preoccuparvi di usarli. Le miscele si adattano facilmente alle esigenze della pianta. È possibile migliorare facilmente il gusto, l'aroma e la nutrizione semplicemente seguendo le istruzioni riportate sul prodotto.

Il pH della miscela è correttamente bilanciato. Non dovrete quindi preoccuparvi di sbagliare o di correggere la formulazione dei nutrienti del terreno General Hydroponics è uno dei motivi per cui la NASA e molti altri rinomati istituti di ricerca lo utilizzano.

Lavora su una quantità eccessiva di

terreno

In generale, i nutrienti idroponici sono progettati per essere utilizzati anche nel giardinaggio in terra. Ciò significa che potete facilmente aggiungere la miscela al vostro prato e giardino per una crescita rapida. Può essere utilizzato anche in vaso.

Tutti ingredienti biologici

Tutti i prodotti General Hydroponics sono realizzati con minerali naturali ed estratti botanici. Ciò significa che non dovete preoccuparvi dell'aggiunta di sostanze chimiche che possono essere tossiche per le piante e per l'ambiente. C'è una crescente preoccupazione per la sicurezza dell'uso dei fertilizzanti in giardino.

Capitolo 4: Vantaggi della produzione alimentare idroponica

1. Non è necessario il terreno

In un certo senso, si coltiva in luoghi dove la terra è scarsa, inesistente o fortemente inquinata. Negli anni '40, l'idroponica è stata utilizzata con successo per fornire verdure fresche alle truppe di Wake Island, un punto di rifornimento per le compagnie aeree americane. Si tratta di un'area altamente coltivata nel Pacifico. Inoltre, la coltura idroponica è stata considerata dalla NASA come la coltura del futuro, che produrrà cibo per gli astronauti nello spazio (dove non c'è terra).

2. Utilizzare meglio lo spazio e la posizione

Poiché tutto ciò di cui le piante hanno bisogno è protetto e mantenuto nel sistema, potete coltivare nel vostro piccolo appartamento o nella stanza degli ospiti, purché abbiate spazio a disposizione.

Le radici delle piante di solito si allargano e si sviluppano alla ricerca di cibo e ossigeno nel terreno. Non è così per l'idroponica, dove le radici affondano in un contenitore riempito di soluzione nutritiva ossigenata ed entrano in contatto diretto con i minerali vitali. Questo significa che potete far crescere le vostre piante molto di più e risparmiare molto spazio.

3. Controllo del clima

Come nelle serre, i produttori idroponici possono avere un controllo completo sul clima - temperatura, umidità, amplificazione della luce, composizione dell'aria. In questo senso, è possibile coltivare cibo tutto l'anno, indipendentemente dalla stagione. Gli agricoltori possono produrre cibo al momento giusto per massimizzare i loro benefici commerciali.

4. L'idroponica fa risparmiare acqua

Le piante coltivate in idroponica possono utilizzare solo il 10% di acqua rispetto alla coltivazione in campo. In questo metodo l'acqua viene fatta ricircolare. Le piante assorbono l'acqua necessaria, mentre il deflusso viene catturato e reimmesso nel sistema. La perdita d'acqua avviene in due sole forme: l'evaporazione e le perdite (ma una configurazione idroponica efficace riduce al minimo o non ha perdite).

Si stima che l'agricoltura americana utilizzi fino all'80% delle acque sotterranee e di superficie.

Anche se l'acqua diventerà un problema critico in futuro, quando si prevede che la produzione alimentare aumenterà del 70% secondo le FAQ, l'idroponica è considerata una soluzione praticabile per la produzione alimentare su larga scala.

5. Uso efficiente dei nutrienti

Con la coltura idroponica si ha il 100% di controllo sui nutrienti (alimenti) di cui le piante hanno bisogno. Prima di piantare, i coltivatori possono controllare le esigenze delle piante e le quantità di nutrienti di cui hanno bisogno in determinate fasi e mescolarle all'acqua di conseguenza. Le sostanze nutritive sono immagazzinate nel contenitore, quindi non si verificano perdite o cambiamenti di sostanze nutritive come nel terreno.

6. Controllo del pH della soluzione

Tutti i minerali si trovano nell'acqua. Ciò significa che è possibile misurare e regolare il livello di pH della miscela d'acqua molto più facilmente rispetto al terreno. Questo garantisce un assorbimento ottimale dei nutrienti nelle piante.

7. Migliore tasso di crescita

Le piante idroponiche crescono più velocemente di quelle in terra? Sì, è così.

Siete voi a gestire l'intero ambiente per la crescita delle vostre piante: temperatura, luce, umidità e soprattutto sostanze nutritive. Le piante vengono collocate in condizioni ideali, mentre le sostanze nutritive vengono fornite in quantità sufficiente e vengono a contatto diretto con gli apparati radicali. In questo modo, le piante non consumano più energie preziose per cercare sostanze nutritive diluite nel terreno. Si concentrano invece sulla crescita e sulla produzione di frutti.

8. Nessuna erbaccia

Se siete cresciuti nella terra, capirete quanto le erbacce siano fastidiose per il vostro giardino. Si tratta di uno dei compiti più difficili per i giardinieri - molo, aratro, zappa, ecc. Le erbacce sono principalmente associate al terreno. Quindi, rimuovete il terreno e le erbacce andranno via.

9. Meno parassiti e malattie

E come per le erbacce, la rimozione del terriccio contribuisce a rendere le piante meno vulnerabili ai parassiti che trasportano il terriccio, come uccelli, piccioni e cani da terra, e a malattie come Fusarium, Pythium e Rhizoctonia. Inoltre, se coltivate al chiuso in un sistema chiuso, i giardinieri possono facilmente assumere il controllo della maggior parte delle variabili circostanti.

10. Minore utilizzo di insetticidi ed erbicidi

Poiché non si utilizza il terreno e le erbacce, i parassiti e le malattie delle piante sono notevolmente ridotti, si utilizzano meno prodotti chimici per aiutare a coltivare alimenti più puliti e sani. La riduzione degli insetticidi e degli erbicidi è un punto di forza dell'idroponica quando i criteri della vita moderna e della sicurezza alimentare sono sempre più imposti.

Capitolo 5: Costruire i propri sistemi idroelettrici

Poiché i prezzi variano da un luogo all'altro, il costo esatto determinerà quello che potete ottenere nella vostra zona. Tuttavia, con un sistema a goccia per quattro piante per la coltivazione di piante grandi, dovreste avere tutte le forniture necessarie per meno di 100 dollari. Io stesso ho costruito questo sistema tra i 60 e gli 80 dollari. È possibile che abbiate già in casa i materiali necessari.

Sebbene questo sistema sia stato progettato per coltivare 4 piante in secchi da 5 galloni, è possibile adattarlo facilmente per coltivare più o meno piante a seconda delle esigenze, nonché in contenitori e secchi più o meno grandi.

Elenco delle parti del sistema utilizzate per la costruzione di sistemi idroelettrici

- 4 fioriere (per le piante)
- 4 fori passanti (detti anche divisori)
- Vanno bene anche i tubi neri in vinile (per i tubi di riempimento e di scarico) e i tubi blu in vinile del negozio di idroponica.
- 1 pompa sommersa per fontane (presente nella maggior parte dei vivai)
- Da 18 a 30 galloni di cassetta (più grande è meglio a lungo termine)

- Terreno di coltura idronico (per il sostegno delle piante e la ritenzione di umidità per le radici)
- Un filtro da forno economico (per evitare che il substrato entri nella provetta)
- Diversi raccordi a "T" che corrispondono ai tubi in vinile utilizzati (la quantità dipende dalla configurazione finale)
- Due bombolette di vernice nera economica e due bombolette di vernice bianca economica (per evidenziare la luce dei bidoni e del serbatoio).
- (Opzionale) Piccola quantità di tubi e raccordi in PVC (per le estremità di ritorno)

Ulteriori elementi necessari per la crescita

- Nutrienti idroponici (di qualsiasi tipo, purché esistano per le piante idroponiche).
- Il kit per il test del pH (soluzione nutritiva per il test del pH) per abbassare il pH di General Hydroponics funziona meglio ed è il metodo più economico.
- Regolatori di PH (pH basso e basso pH) Si tratta di regolare il pH secondo le necessità dopo averlo analizzato.

Oltre ai nutrienti idroponici, ai kit per il test del pH, alle regolazioni del pH e ai terreni di coltura, dovreste essere in grado di procurarvi il resto delle forniture necessarie presso negozi locali come Home Depot, Lowe's Wal-Mart, Target, Big lot, Kmart, ecc. Ho ricevuto un deposito di secchi da cinque galloni per circa 2,50 dollari e un magazzino da 18 galloni da Wal-Mart per 3,50 dollari. La pompa da fontana in vinile nero utilizzata per i tubi idroponici e i raccordi a "T" l'ho acquistata da Lowe's.

Anche la pompa della fontana è stata acquistata da Lowe's. È stata la parte più costosa dell'intero sistema. La pompa costa circa 40 dollari, ma per questo sistema non è necessaria una pompa così grande per portare a termine il lavoro, ma consente di espandere il sistema in futuro. Assicuratevi solo che ogni pompa che utilizzate abbia un filtro rimovibile e, in caso contrario, fatene uno per preservare le impurità.

Le aperture e i giunti a paratia sono disponibili in tutte le dimensioni e forme. Sono utilizzati in tutti i prodotti industriali, ma la maggior parte dei negozi di articoli per la casa li ha da qualche parte nel negozio ed è molto probabile che li abbia in più punti. Io li ho acquistati presso il servizio elettrico di Home Depot per 1,97 dollari api, proprio accanto al tubo elettrico.

È necessario assicurarsi che l'estremità del foro passante su cui scorre il tubo in vinile (estremità senza filettatura e dadi) sia adatta alle dimensioni del tubo utilizzato. Quelli nelle foto qui sopra si adattano a tubi con diametro di 5/8 di pollice. In alternativa, è possibile utilizzare due tubi e/o una fascetta stringitubo per stringere. Oppure tagliando un piccolo pezzo di tubo (della dimensione corrispondente a un foro passante) e spingendolo attraverso il passaggio, quindi abbassando il tubo più piccolo all'interno di uno più grande. In questo caso, è possibile utilizzare una piccola quantità di adesivo impermeabile tra due misure diverse e/o una fascetta stringitubo per assicurarsi che ci sia un composto impermeabile. È anche possibile che il vecchio tubo da giardino si adatti perfettamente e possa essere sostituito con un tubo in vinile per le linee di ritorno (drenaggio).

Taglio del foro per i fori il primo passo è vedere il lato del foro attraverso la filettatura e il dado sul fondo dei 4 secchi da 5 galloni. Dovrete essere vicini al bordo del secchio, ma non così vicini da non poter installare il dado per poterlo montare (circa un pollice). In questo modo sarà possibile appoggiarlo su un tavolo o una panca e la maggior parte del peso dei bidoni sarà comunque sostenuto e non si rovescerà.

È importante che i fori non siano troppo grandi, perché potrebbero perdere. Devono essere sufficientemente grandi da far rientrare il lato filettato del passaggio senza un gioco significativo.

Capitolo 6: Supporti e forniture idroelettriche

Esistono molti tipi di terreni di coltura che sono stati utilizzati con successo per la coltura idroponica, e probabilmente ce ne sono molti altri che non sono mai stati provati.

Alcuni sono:

1. Perlite - Una roccia vulcanica di ossidiana grigia che viene riscaldata a 1500 gradi F nel forno ed espansa. È un materiale leggermente poroso che può "espellere" l'acqua dal fondo del serbatoio.

2. La roccia ceramica cresce - un materiale argilloso chiamato anche geolite, che viene spesso utilizzato in acquacoltura perché il materiale poroso è un buon modo per far crescere i batteri per la purificazione dell'acqua. Non collassa.

3. Lana di roccia - un materiale costituito da roccia avvolta in materiale fibroso. Come legante viene aggiunta una resina a base di fenolo. La lana di roccia tende anche ad aumentare il pH dell'acqua.

4. Ghiaia di pisello - Questo substrato è una semplice ghiaia, ma ha dimensioni e forme diverse. Non è un mezzo poroso, quindi non svuota l'acqua dal fondo e deve essere utilizzato in un sistema che permetta di ventilare l'acqua. Può essere utilizzato per la coltivazione di batteri e piante.

Esistono molti altri tipi di substrati utilizzati nei sistemi idroponici. Alcuni presentano vantaggi e svantaggi particolari.

Sabbia - Molte sabbie, come quella della spiaggia, sono già presenti nei substrati, il che può causare problemi idroponici. Tuttavia, la sabbia è un mezzo utile che trattiene l'acqua. Deve essere sterilizzata tra una coltura e l'altra.

Segatura - Quando la produzione di legno è elevata, può essere disponibile della segatura. Le specie arboree sono importanti e il legno tenero si decompone più lentamente del legno duro. I piatti per cervi e ricci occidentali funzionano molto bene, ma il cedro rosso è velenoso per le piante. Parte della segatura proviene da tronchi immersi in acqua salata ed è quindi tossica per le piante.

Torba - Esistono tre tipi di torba: muschio di torba, feci di canna e humus di torba. La torba è molto acida e può abbassare il pH dell'acqua nutritiva. Si decompone dopo una o due stagioni di crescita.

Vermiculite - È un limo vulcanico esploso in un forno. È un materiale siliconico di alluminio e magnesio che può essere compresso e perdere la sua porosità.

Plum - Il silicone di origine vulcanica può decomporsi dopo un uso ripetuto.

Nessun supporto - Esistono molti sistemi idroponici che non utilizzano alcun supporto. La pianta viene solitamente gettata in un piccolo pezzo di lana di roccia o in una collana di plastica appositamente progettata.

La pianta viene poi inserita in un tubo o contenitore di coltivazione che immette acqua nutriente nelle radici.

Esistono probabilmente centinaia di tipi diversi di piante da coltivare e tutto ciò che una pianta può coltivare è considerato un agente di crescita. Esistono ambienti artificiali e organici (naturali). Anche la vecchia ARIA può essere un ambiente efficace per la crescita delle radici.

Mi è stato chiesto molte volte quale sia il raccolto medio migliore. È come chiedere quale sia il colore migliore. O qual è il miglior tipo di veicolo che avete. A volte la risposta dipende dal lavoro che si deve fare. Non cerchereste di usare una miscela senza terriccio nel sistema aeroponico e non arereste il campo con una berlina Rolls Royce. Tuttavia, se volete costruire un sistema idroponico che non si riprende, allora una miscela senza soia sarebbe un'ottima scelta, e un trattore John Deere può coltivare il campo (tranne Rolls per una notte in città, venite a prendermi alle 8). Il tipo di impianto utilizzato, il tipo di coltura e l'ambiente locale sono solo alcuni dei fattori determinanti nella scelta delle piante da coltivare. Ci possono essere diversi terreni di coltura che funzionano bene anche per le vostre esigenze specifiche. Spesso dipende dalla disponibilità, dal prezzo o dalle preferenze personali.

Di seguito sono riportati i mezzi di comunicazione più diffusi:

Le oasi dei cubi

Questi cubi preformati leggeri sono progettati per la riproduzione. Un substrato molto popolare per la coltivazione di semi o talee. Questo prodotto ha un pH neutro e trattiene molto bene l'acqua.

I cubetti sono destinati ai supporti di avviamento e sono disponibili in tre misure fino a 2 "x 2". Possono essere facilmente trapiantati in quasi tutti i tipi di sistemi o substrati idroponici (o nel terreno).

Fibre di cocco

Le fibre di cocco stanno rapidamente diventando uno dei mezzi di coltivazione più popolari al mondo. Anzi, presto potrebbe essere il più popolare. Il primo è un substrato riproduttivo completamente "organico" che offre prestazioni superiori nei sistemi idroponici. Le fibre di cocco sono essenzialmente gli scarti dell'industria del cocco, sono gusci di cocco in polvere.

I vantaggi sono molteplici: mantiene una maggiore capacità di ossigeno rispetto alla lana di roccia e ha una maggiore capacità di trattenere l'acqua dalla lana di roccia, un vantaggio reale per i sistemi idroponici che hanno cicli di irrigazione intermittenti.

Le fibre di cocco sono anche ricche di ormoni che stimolano la radice e forniscono una certa protezione contro le malattie radicali, comprese le infezioni fungine. I produttori olandesi hanno scoperto che una miscela composta per il 50% da fibra di cocco e per il 50% da granuli di argilla espansa è il terreno di coltura perfetto.

Un avvertimento sulla fibra di cocco: bisogna fare attenzione quando si acquista la fibra di cocco. Esiste un livello generalmente inferiore di fibra di cocco che contiene un eccellente sale marino e che è a grana molto fine. La fibra di cocco di qualità inferiore porterà a risultati deludenti se utilizzata in un sistema idroponico.

Perlite

La cara vecchia perlite! Esiste da anni, usata principalmente come additivo per aumentare l'aerazione e il drenaggio del terreno. La perlite è un materiale estratto, una forma di vetro vulcanico che si riscalda rapidamente fino a oltre 1600 gradi.

La perlite è uno dei migliori substrati per la coltivazione idroponica. Si usa da sola o in miscela con altri agenti. La perlite è più comunemente usata con la vermiculite (una combinazione di 50-50 è un mezzo molto popolare) ed è anche uno degli ingredienti principali di una miscela priva di sali. La perlite ha una buona azione di trascinamento, che la rende una buona scelta per i sistemi idroponici a stoppino. La perlite è anche relativamente economica.

Il principale svantaggio della perlite è che non trattiene l'acqua, il che significa che dovrà essere annaffiata rapidamente tra un'annaffiatura e l'altra. La polvere di perlite è dannosa per la salute, quindi è necessario indossare una maschera antipolvere quando la si maneggia.

Capitolo 7: Elementi minerali / indicazioni per la miscelazione dei nutrienti

I miglioramenti sono la ragione di ogni sistema idroponico e poiché dobbiamo soddisfare tutte le esigenze della pianta in termini di cibo, è importante riconoscere ciò che si sta dando e ciò che può essere grave. Con qualsiasi piano d'azione per il miglioramento, è necessario ricordare due fattori che stanno dietro alla realizzazione del miglioramento: contiene l'insieme delle parti necessarie per migliorare le piante nelle giuste proporzioni. Inoltre, con il vostro piano d'azione complementare giusto e finito, quale qualità o "CE" dovreste raggiungere per le vostre prestazioni, i tempi e il tipo di struttura idroponica e come la misureremmo?

Come migliorare

Diversi produttori amano acquistare un supplemento "misto" a un piano d'azione che deve essere fondamentalmente indebolito (per il fluido che si pensa) o separato in acqua prima dell'uso. Il più delle volte questi `accessori misti` sono disponibili in 2, 3, 4 o anche più `parti` in modo che il produttore possa modificare la gamma di segmenti minerali per tenere conto dell'andamento della vegetazione. fruttifera o per colture diverse. Sorprendentemente sono disponibili diverse marche di questi miglioramenti misti; in ogni caso, diversi coltivatori hanno superato problemi significativi cercando di utilizzare il segmento "essiccazione in casa" o diversi miglioramenti pianificati. Per le piante che creano in terra o in miscela pronta. Normalmente, questo genere di cose non è adatto alle colture idroponiche, poiché non ci si aspetta che siano un "letto di piante completo". È sempre interessante acquistare una miscela di sviluppo commercializzata specificamente per l'uso "idroponico" e "rifinita" con una base di piante. A tal fine, il potenziamento idroponico deve avere segmenti importanti per l'avanzamento delle piante:

- Azoto (N);
- Potassio (K);
- Fosforo (P);
- Calcio (Ca);
- Magnesio (Mg);
- Zolfo (S);
- Ferro (Fe);
- Manganese (Mn);
- Rame (Cu);
- Zinco (Zn);
- Molibdato (Mo);
- Boro (B);
- Cloro (Cl)

I livelli a cui questi componenti sono disponibili nell'integratore idroponico variano generalmente tra le varie marche, poiché non esiste una raccomandazione unica per le ossa. Diversi miglioramenti possono includere anche alcuni "segmenti di alloggio", ad esempio il nichel (Ni), il cobalto (Co), il silicio (Si) o il selenio (Se). Sebbene non siano "essenziali" (le piante attualmente producono anche senza), possono essere utili per diversi rendimenti.

Problemi aggiuntivi

Sia che si sviluppi il proprio piano di miglioramento a partire dagli indubbi sali fertilizzanti, sia che si acquisti un marchio già pronto, i problemi possono ripresentarsi a causa di problemi con una delle misure più importanti delle parti 'miglioramento'. Gli obiettivi comuni alla base di questo problema sono (1) la qualità dei miglioramenti può essere troppo bassa, producendo miglioramenti inadeguati per le fabbriche in generale. (2) La formula di miglioramento utilizzata potrebbe non essere completamente bilanciata e (almeno una delle parti) potrebbe essere inadeguata. (3) A volte i coltivatori possono inavvertitamente trascurare uno dei sali fertilizzanti o utilizzare feci discrete quando la formula di miglioramento è stata misurata. Inoltre, tanto per capirci, che la risposta sia la stessa o meno, le condizioni abituali e interne della pianta interferiscono di volta in volta con il rilevamento dei miglioramenti espliciti e dei segni di carenza.

Segnaletica immobiliare

Tutte le parti minerali di cui la pianta ha bisogno hanno i loro "segni e difetti" e i coltivatori possono capire come individuare il loro numero critico. Innumerevoli segni sono praticamente identici nell'aspetto, altri sono comunque incredibilmente evidenti, e i libri e le colture idroponiche più insolite spiegheranno in dettaglio quali sono questi segni. In breve, di seguito sono riportati i seguenti sintomi per tutte le parti (che possono variare tra i diversi tipi di piante e a seconda della fonte della carenza).

Sintomi di abuso

Azoto (N): Le piante sono corte, le foglie sono generalmente di un giallo verde chiaro quando si nascondono, soprattutto sulle foglie decantate. Sulle piante di pomodoro, la parte inferiore delle foglie e degli steli può sviluppare una tonalità viola.

Fosforo (P): Le piante sono normalmente disturbate e di colore verde scuro. I segni compaiono prima sulle foglie preparate e il miglioramento della pianta è costantemente ritardato. La mancanza di fosforo in alcune specie vegetali può essere una conseguenza diretta delle condizioni che rendono freddo il recupero di questa parte, piuttosto che della mancanza di fosforo nel piano di miglioramento della partita.

Potassio (K): Le foglie più sabbiose diventano gialle con macchie sparse, scure o scure, a causa della morte dei tessuti. Una carenza straordinaria rallenta la pianta e tutte le foglie ingialliscono e si piegano. Sulla foglia di insalata, le foglie possono assumere un aspetto giallastro e bronzeo, a partire dalle foglie più preparate.

Zolfo: Non può esserci una carenza di zolfo: può verificarsi un ingiallimento delle foglie, che è stato notato per la prima volta al momento del nuovo miglioramento.

Magnesio: la carenza è comune nelle colture di pomodoro, con più foglie in preparazione, che lasciano le parti gialle tra le venature verdi.

Calcio: le foglie giovani vengono colpite prima di essere sempre più abitate e diventano danneggiate, piccole con aree maculate o necrotiche (morte). I germogli migliorati vengono distrutti e le estremità delle radici possono rimuovere lo stagno. Il costo della lattuga all'insalata è una reazione al bisogno di calcio, eppure viene raggiunto in vari segmenti che non sono correlati alla mancanza di risposta. La decomposizione dei pomodori con i pomodori è ottenuta anche dalla mancanza di calcio nei tessuti del prodotto naturale (miglioramenti continui esagerati), e ancora di più il problema del trasporto del calcio nella pianta in certe condizioni normali.

Ferro: la carenza si trasforma in un colore giallo-giallo tra le nervature delle foglie che rimangono verdi, in nuovi progressi e in foglie in continua crescita (questo è ricordato dalla mancanza di magnesio, che appare prima sulle foglie più pronte). Sulle rese, ad esempio per i pomodori, si può dimostrare una carenza di ferro quando le condizioni sono fredde e non causate da una carenza certificata nel piano di gioco.

Cloro: l'insufficienza si manifesta sotto forma di foglie raggrinzite che poi diventano gialle e necrotiche, mentre la lunga barra si trasforma in una maschera di bronzo.

La qualità del piano di gioco - sottoutilizzo e sovrautilizzo, valutazione Man mano che il miglioramento che si utilizza viene realizzato e bilanciato, la concentrazione o la natura del piano d'azione influenzerà il miglioramento e la progressione della pianta. È questa una spiegazione in cui è essenziale avere un'alternativa per controllare il flusso dei centri d'azione, utilizzando un'importante unità di misura. Attualmente, diversi produttori operano in ppm, utilizzando contatori TDS; in ogni caso, l'industria lancerà ora una sistematizzazione della valutazione delle unità in base alla EC (conducibilità elettrica), che è un modo inappropriato e valido per rispondere al vostro schermo di miglioramento. Tutto ciò che fa un contatore di TDS o di ppm serve in realtà a misurare il flusso di azione EC, fino a quel punto, utilizzando il cambiamento indotto per trasformarlo in PPM. Il problema si evolve è che questo cambiamento di cambiamento è definitivo di volta in volta, perché piani di miglioramento diversi con sintesi diverse di segmenti di integratori avranno valori PPM diversi, quindi l'uso di un singolo cambiamento di valore può essere impensabile al di fuori. dalla base. Ciò a cui l'apparato radicale della pianta risponde realmente è l'amplificazione (o il restringimento) osmotico, quindi è questo che dobbiamo misurare. Esistono diversi misuratori specifici di EC (a volte chiamati CF) e i produttori utilizzano generalmente penne "sicure per l'acqua". A seconda di dove ci si trova sul pianeta, le unità spedite al misuratore possono essere inedite; in ogni caso, non è certo difficile passare da un'unità EC all'altra.

Le unità di misura più utilizzate sono i microsiemens / cm (EC) o il fattore di conducibilità (CF) (a seconda del Paese in cui ci si trova). Le diverse unità di misura utilizzate o ripetute più volte nelle raccomandazioni sulla coltura sono: Millimhos, micromhos o millisiemens (mS). Il cambio tra queste unità è:

1 millisiemen (EC) va fino a 1 millimhos, si avvicina a 1000 microsimens, va fino a 1000 millimhos, va fino a 10 CF.

È sufficiente spostare il decimale per passare da un'unità all'altra.

Va notato che l'avvio di EC corretto per il vostro particolare rendimento e sistema. Diverse colture, ad esempio la lattuga verde e vari ortaggi verdi, tendono ad avere un'EC molto più bassa rispetto ai raccolti di frutta, come i pomodori, e ogni raccolto ha la sua motivazione ideale di EC per progredire perfettamente. Nel momento in cui per una particolare pianta l'EC aumenta ad un livello elevato, si rivelerà un indicatore evidente della resa. In presenza di una EC elevata, le piante subiscono uno "stress" quando le cellule vegetali iniziano a perdere acqua, passando a una modalità di azione più ponderata che coinvolge le radici. Di conseguenza, il segno fondamentale di un supplemento di "uso improprio" è quello di contrarre la fabbrica, in ogni caso, quando si ottiene un piano di gioco sufficiente per il miglioramento. Se le condizioni di alta EC non sono intense, le piante si adatteranno a queste condizioni e si vedrà un miglioramento che è "duro" nell'aspetto - per lo più verde scuro, poi per lo più, con piante più corte e più foglie. piccole. Quando la EC scende, si ritira - si assumono proporzioni d'acqua più visibili, il miglioramento sarà friabile e discontinuo, e di solito ci sarà un verde più chiaro.

Capitolo 8: Gestione avanzata dei nutrienti

Per un coltivatore idroponico esperto, la gestione dei nutrienti è un'opportunità per stimolare la crescita delle piante. Per i neofiti è una sfida. La differenza sta nella conoscenza, nella comprensione e nell'attrezzatura. Prendete in considerazione le seguenti domande per testare il vostro QI nutrizionale.

Qual è la temperatura della vostra soluzione nutritiva, qual è l'intervallo durante il giorno e durante la stagione?

Quanti "solidi disciolti" ci sono nell'acqua che usate per miscelare i nutrienti e variano a seconda della stagione? Il vostro fornitore d'acqua vi fornisce acqua buona da un serbatoio in un periodo dell'anno e acqua cattiva da un altro serbatoio in un altro periodo?

Ci sono componenti nell'acqua che potrebbero influenzare la disponibilità di nutrienti per le colture?

Qual è la "EC" o potenza del vostro nutrimento? Miscelate miscele speciali di nutrienti per diversi tipi di piante e per ogni fase del ciclo di vita della coltura?

Il ph dei nutrienti rientra in un intervallo ragionevole?

Nel vostro nutrimento sono presenti agenti patogeni provenienti da acqua contaminata o da piante malate che potrebbero diffondere la malattia al resto del raccolto?

Cambiate le sostanze nutritive abbastanza spesso da evitare un accumulo eccessivo dovuto alla formazione di sale o una carenza dovuta all'impoverimento dei nutrienti?

Sapevate che un motivo importante per cambiare la soluzione alimentare è eliminare i rifiuti che le piante rigettano in nutrienti? Sapevate che durante il passaggio delle piante, umidità e sostanze nutritive cadono nella vostra vasca e i nutrienti possono raggiungere livelli pericolosi?

Queste sono solo alcune domande di base che possono aiutarvi a capire meglio ciò che già sapete e ciò che dovrete imparare per ottenere sempre raccolti abbondanti. Questa discussione si rivolge in particolare ai coltivatori esperti che desiderano ottenere la massima resa e che vogliono essere all'avanguardia nella tecnologia di selezione delle piante. I coltivatori amatoriali di solito non devono preoccuparsi di tutti questi problemi, ma continuate a leggere. Quando sorgono problemi e la coltura non cresce come dovrebbe. Spesso il problema può essere attribuito alla gestione dei nutrienti. Una volta che si sa cosa può andare storto, è più facile identificare il problema quando si presenta.

L'ambiente radicale è ciò che separa l'idroponica dalla lavorazione del terreno. Nel terreno, le piante aspettano la pioggia o l'irrigazione e le loro radici cercano i nutrienti essenziali. Con un terreno fertile e abbondante le piante acquatiche prosperano.

Gestione avanzata dei nutrienti per i produttori idroponici Controllare il QI dei nutrienti

Nella coltura idroponica, le radici delle piante vengono costantemente rifornite di acqua, ossigeno e sostanze nutritive, senza cercare sostanze nutritive disponibili o aspettare la prossima pioggia. La sfida per il produttore è quella di essere in sintonia con le esigenze delle piante e di evitare di danneggiarle con un eccesso o una carenza di minerali, valori estremi di pH e temperatura o una mancanza di ossigeno. Alcuni semplici strumenti e tecniche possono fare la differenza tra successo e fallimento.

Cosa c'è nell'acqua?

La prima questione da considerare è la qualità dell'acqua. Con una buona acqua dolce è facile avere successo. Basta aggiungere all'acqua le giuste combinazioni di sostanze nutritive per iniziare a crescere. Se l'acqua è molto dura o contaminata da sodio, solfuro o metalli pesanti, potrebbe essere necessario filtrare l'acqua con l'osmosi inversa.

Ma cosa c'è nell'acqua? La risposta più completa viene dalle analisi di laboratorio dell'acqua. Se siete nel sistema idrico cittadino, chiamate il vostro distretto idrico e richiedete una copia delle loro ultime analisi.

Un altro approccio - altamente raccomandato - è quello di controllare regolarmente l'acqua con un misuratore di solidi disciolti, chiamato anche conduttivimetro elettrico (EQ) o parti per milione (PPM). Questi strumenti sono tra i più importanti che un agricoltore possiede e utilizza regolarmente.

Tutti questi strumenti funzionano essenzialmente allo stesso modo. Misurano la conducibilità elettrica dell'acqua. I sali disciolti nella maggior parte dell'acqua le permettono di condurre l'elettricità. L'acqua pura è un cattivo conduttore perché nell'acqua impura non ci sono sali conduttori. L'acqua purificata mostra pochi o nessun sale (conduttività) quando viene testata con un metro di solidi disciolti.

Non è raro trovare alti livelli di sale nella rete idrica o nell'acqua comunale. I carbonati di calcio e magnesio sono tra gli ingredienti più comuni nell'acqua di pozzo e di falda. Infatti, la "durezza dell'acqua" è definita come una misura del contenuto di carbonati o solfati di calcio e magnesio nell'acqua.

Poiché il calcio e il magnesio sono nutrienti importanti per le piante, un'acqua con un livello ragionevole di questi elementi può essere utile per la coltura idroponica. Tuttavia, anche una cosa buona può diventare un problema se i livelli sono troppo alti.

In genere, un contenuto di calcio superiore a 200 PPM o 75 PPM per il magnesio è al limite delle applicazioni idroponiche da banco. Un eccesso può far sì che altri elementi importanti della soluzione nutritiva si "blocchino" e diventino inaccessibili. Ad esempio, un eccesso di calcio può combinarsi con il fosforo per formare fosfato di calcio, poco solubile e quindi non disponibile per la coltivazione. Il segreto è iniziare con un'acqua decente e aggiungere la giusta combinazione di nutrienti.

Troppo caldo, troppo freddo

Un altro fattore importante è la temperatura dell'acqua. Se la soluzione è troppo fredda, i semi non germineranno, le talee non attecchiranno e le piante cresceranno lentamente, o smetteranno di crescere e moriranno. Se è troppo calda, gli stessi semi non germineranno, le talee non attecchiranno e le piante moriranno per mancanza di ossigeno o semplicemente per lo stress termico. La maggior parte delle piante preferisce una temperatura delle radici compresa tra 65 gradi (18 C) e 80 gradi (27 C), più fredda per le colture invernali, più calda per quelle tropicali. Quando si aggiunge acqua alle

Gestione avanzata dei nutrienti per i produttori idroponici Controllate il vostro nutrimento IQ alla stessa temperatura dell'acqua nel serbatoio.

Le piante non amano i rapidi cambiamenti di temperatura, soprattutto nella zona delle radici!

PH dell'acqua

Un argomento spesso discusso ma raramente compreso da molti produttori è il pH dei nutrienti. In generale, ci preoccupiamo del pH e del suo effetto sulla disponibilità dei nutrienti. Ad esempio, se il pH è troppo alto, il ferro può diventare inaccessibile. Anche se la vostra soluzione nutritiva può avere un contenuto di ferro ideale, le vostre piante potrebbero non essere in grado di assorbirlo, provocando una carenza di ferro: le foglie della pianta ingialliscono e si indeboliscono.

D'altra parte, gli alimenti avanzati per piante idroponiche contengono speciali "chelati" progettati per garantire la disponibilità di ferro in intervalli di pH più ampi. Il risultato è che le vostre colture cresceranno abbastanza bene anche a livelli di pH più elevati. Tuttavia, un pH elevato può danneggiare le piante. La causa del pH elevato della soluzione può essere piuttosto complessa. La maggior parte della rete idrica cittadina contiene carbonato di calcio per aumentare il pH dell'acqua e prevenire la corrosione. Pertanto, si parte da un'acqua con un pH anomalo, di solito 8,0 per l'acqua di città.

Il primo modo per eliminarlo è quello di mescolare il nutrimento fresco con l'acqua, lasciare che si stabilizzi per un po' e poi testare e regolare il pH. Nel caso dell'acqua di città, spesso è necessario aggiungere un po' di pH (di solito acido fosforico) per abbassare il pH della maggior parte delle piante, da 5,8 a 6,2.

Man mano che le piante crescono, è bene testare periodicamente il pH e regolarlo se necessario. Il pH può tranquillamente scendere tra 5,5 e 7,0 senza bisogno di aggiustamenti. Infatti, immettere continuamente sostanze chimiche nel sistema per mantenere un pH perfetto di 5,8-6,0 può causare molti danni. È normale che il pH si alzi per un po', e poi di nuovo e di nuovo. Questo cambiamento indica che le piante stanno assorbendo correttamente i nutrienti. Regolate il pH solo se è eccessivo.

Un pH inferiore a 5,5 o superiore a 7,0 può significare problemi, ma non bisogna esagerare. Una variazione apparentemente improvvisa e drammatica del pH può dipendere da un pH-metro difettoso. In caso di dubbio, ricontrollare con il kit di reagenti per il pH (colore corrispondente) prima di regolare la soluzione.

Ricordare che tutti i metodi di misurazione del pH dipendono dalla temperatura.

Culpa dei media

Un'altra causa di pH instabile è la coltura di scarsa qualità. La lana di roccia e la ghiaia di tipo industriale sono note per avere livelli di pH molto elevati che innalzano il pH dei nutrienti, aumentando costantemente, spesso a livelli pericolosi.

Un modo semplice per testare un nuovo terreno di coltura è quello di mettere una porzione del terreno - lana di roccia, ghiaia, terra - in un becker pulito e poi immergere (immergere) il campione in acqua distillata o "deionizzata" (chimicamente pura). Lasciare riposare per un po', quindi testare il pH dell'acqua, registrare il pH e continuare a rilasciare il campione. Di tanto in tanto, verificate il pH per circa una settimana, finché non si stabilizza. Il pH è sceso a 8,0 o forse a 9,0? La ghiaia di un blocco di costruzione può arrivare a 10,0 - radice di tortura. morta con le piante!

Gestione avanzata dei nutrienti per i produttori idroponici Controllare il QI dei nutrienti

Non sottovalutate mai i substrati di coltivazione come fonte di problemi di pH. Questo è uno dei motivi principali per cui i metodi di "acquacoltura" idroponica stanno guadagnando popolarità rispetto a quelli basati sui substrati. Meno supporti si usano, meno problemi si hanno con l'instabilità del pH e l'accumulo di sale. Inoltre, i sistemi di coltura in acqua richiedono meno acqua e nutrienti rispetto ai metodi basati sui substrati, per una maggiore efficienza e una minore evaporazione.

È ora di cambiare?

Ogni quanto tempo è necessario cambiare la soluzione nutritiva? È una delle domande più frequenti e una delle più difficili da rispondere. Molti hanno cercato di trovare una regola semplice e facile da seguire - una volta alla settimana, ogni due settimane - ma tutti si sbagliano! Sbagliano perché non esiste una risposta semplice. Tutto dipende dal tipo, dal numero e dalle dimensioni delle piante, dalla capacità del serbatoio, dal tipo e dalla qualità dei nutrienti utilizzati, dalla qualità dell'acqua, dalle condizioni ambientali come temperatura e umidità e dal tipo di sistema idroponico utilizzato. Invece di una risposta semplice, abbiamo bisogno di una procedura che tenga conto di molte di queste variabili e che sia sensibile ai cambiamenti delle condizioni.

Sembra complicato, ma in realtà è molto semplice. Basta un po' di monitoraggio e una registrazione di base. Iniziate con un nuovo serbatoio di nutrienti e registrate la data, il pH e la EC o PPM della soluzione. Quando si avvia il sistema, il livello scende nel serbatoio. Annotate il livello di EC / PPM e poi riempite il serbatoio con acqua fresca. Controllare nuovamente la concentrazione di nutrienti. Se la concentrazione di nutrienti è diminuita in modo significativo, aggiungere dei nutrienti per riportarla alle specifiche.

Assicurarsi di registrare la quantità d'acqua aggiunta per riempire il serbatoio. Ripetete il processo ogni volta che riempite il sistema, registrando attentamente la quantità d'acqua aggiunta. Quando la quantità d'acqua totale raggiunge il volume del serbatoio, è il momento di svuotare e sostituire tutte le soluzioni nutritive.

Per esempio, immaginate un sistema idroponico in una serra fredda in primavera con 24 piante di fragole e 20 galloni di sostanze nutritive. In genere, un sistema di questo tipo richiede circa 5 litri d'acqua aggiunti ogni settimana. Dopo quattro settimane, le piante riceveranno 20 litri - la capacità del serbatoio. In questo esempio, è necessario asciugare completamente e sostituire i nutrienti ogni quattro settimane.

Patogeni nutrienti

Il problema del patogeno o della malattia nella soluzione nutritiva può essere serio. Non è raro che si tratti di un problema regionale e stagionale. Nei Paesi Bassi, ad esempio, i funghi prosperano in ambienti freddi e umidi durante l'inverno: l'aria è piena di spore. Nell'inverno olandese, tutti i tipi di malattie trasmesse dal suolo diventano endemiche e per i produttori è difficile evitare le infezioni. Uno dei motivi per cui i produttori olandesi hanno adottato così facilmente la coltura idroponica è stato quello di evitare l'introduzione di malattie nel Paese.

Mantenete pulita l'area di coltivazione. Non lasciate mai che il terreno entri nel flusso dei nutrienti. Se il terreno viene accidentalmente inserito nel serbatoio, l'intera coltura può essere a rischio. Alcuni produttori posizionano un tappeto di schiuma imbevuto di disinfettante sulla porta della serra. Tutti coloro che entrano devono pulire le scarpe su questo tappeto prima di entrare. È un modo efficace e pratico per evitare che gli organismi entrino nella serra e mettano in pericolo le colture.

Se una pianta infetta viene introdotta nel sistema idroponico, la malattia può diffondersi in tutta la coltura. Quando ci si accorge del problema, questo può essere ormai fuori controllo. Le malattie delle piante esulano dallo scopo di questo articolo, ma il consiglio migliore è quello di evitare il problema lavorando in modo pulito, piantando solo piante sane e prive di malattie con cura Gestione avanzata dei nutrienti per coltivatori idroponici Verificate il controllo nutrizionale del vostro QI sulla coltura.

Se si notano tracce di malattie in una pianta, eliminarle e distruggerle rapidamente prima che la malattia si diffonda. Monitorate attentamente il raccolto e distruggete le piante che mostrano segni di malattia. È meglio perdere qualche pianta malata che rischiare l'intero raccolto.

Se avete un problema con la malattia, è una buona idea asciugare completamente e ripristinare i nutrienti dopo aver rimosso le piante malate. Se possibile, non c'è niente di meglio che risciacquare l'impianto, facendo mancare per un giorno acqua fresca e priva di sostanze nutritive. Quindi svuotarlo e riempirlo con sostanze nutritive fresche. Il risciacquo tra tre o quattro cambi di nutrienti può aiutare a mantenere la purezza della zona radicale e del sistema idroponico. Il risciacquo periodico è particolarmente utile per i sistemi a ghiaia, per eliminare l'accumulo di sale nel substrato.

All'estremo

Per alcuni coltivatori amatoriali, soprattutto quelli che si avvicinano all'idroponica dalla scuola di giardinaggio

"U-plant-em-e-mole", le tecniche descritte sopra possono sembrare troppo difficili e lunghe. Ricordate che la coltura idroponica offre un eccellente controllo sulla salute e sulla qualità delle piante coltivate oggi, con l'interesse e le capacità di effettuare questo controllo. Questo è lo scopo di questo articolo: spingerla al limite. Tenete presente che è anche possibile creare un giardino idroponico che supererà qualsiasi giardino, semplicemente seguendo le istruzioni di produzione sul funzionamento del sistema e sui cambi di nutrienti e prestando attenzione alle condizioni delle vostre piante. Ma anche l'allevatore più esperto può trarre beneficio dalla comprensione di alcuni concetti di base.

La qualità dell'acqua è un grande vantaggio, l'acqua cattiva è una sfida. Utilizzate solo alimenti per piante di altissima qualità, appositamente studiati per la coltura idroponica. Gli alimenti per piante di bassa qualità e i comuni fertilizzanti forniscono alle piante un nutrimento scarso e incompleto, causano un abbassamento del pH e talvolta contengono impurità che possono diventare tossiche per le piante idroponiche. Solo gli alimenti per piante di alta qualità possono far crescere piante di qualità superiore. Le piante sane crescono più velocemente, danno rese maggiori e sono resistenti alle malattie e agli insetti. Pesare sempre con attenzione quando si mescolano i nutrienti freschi.

Annotate le vostre osservazioni sulle portate di EC, i valori di pH, il consumo totale di acqua, l'intervallo di temperatura e i commenti sulla salute e sui progressi della coltura. Tenete d'occhio il pH e prestate particolare attenzione alla forza dei nutrienti (PPM. EC, solidi disciolti). Osservate le malattie e rimuovete e distruggete immediatamente le piante malate.

Controllare la temperatura dei nutrienti - Utilizzate riscaldatori per acquari di alta qualità per riscaldare i nutrienti in inverno, mentre cercate dei "refrigeratori" per raffreddare i nutrienti in estate se le alte temperature dei nutrienti diventano un problema. I professionisti dell'acquacoltura e della piscicoltura hanno sviluppato ottimi refrigeratori.

Super nutrienti

Super Veg An e B - Tutti i segmenti sottostanti (micro) sono uniti per una ricca progressione vegetativa. Super Veg An e B ha un pH regolato per raggiungere 6,0-6,5, zero pH alto/basso è necessario per tutti gli scopi. Come indicato, cercare sia An che B.

Super Bloom An e B - Fornisce una fonte minima di integrazione, proprio come gli elementi giusti (microfoni) seguono per crescere enormi vari germi. pH equilibrato, non spreca le piante e raccoglie essenzialmente i raccolti. Come già detto, cercate sia An che B.

Una miscela di spicco se aggiunta alla maggior parte dei piani di miglioramento della selvaggina. Gli scienziati olandesi, dopo aver valutato test e ricerche, hanno separato e perfezionato una proteina che migliora la rapida divisione delle cellule vegetali e prolunga lo spessore della divisione cellulare. Anche se i diversi miglioramenti hanno portato a diversi casi di aumento della resa e del sapore, il B-CUZZ continua!
Completamente regolare
Completamente ideale per le applicazioni idroponiche

Un regalo descrittivo con un corso incluso in ogni richiesta.

Dynagro è una formula unidirezionale che contiene una gamma enorme, una gamma più piccola e le parti successive.

Create - Grow è una combinazione studiata per il miglioramento vegetativo artistico.

Idroponica in generale, il piano d'azione di Flora è un'aggiunta alla formula a tre zone. Ciascuna delle tre specie viene miscelata in modo diverso a seconda delle fasi di raccolta e miglioramento delle piante. I piani sono riportati sulla bottiglia. Idroponica generale proposta nella fase 3-2-1 per una progressione intensiva della pianta. Nella fase vegetativa, si consiglia una miscela di 3 cucchiaini di Grow, 2 cucchiaini di Micro, 1 cucchiaino di Bloom per ogni litro d'acqua e nella fase di fioritura, 3 cucchiaini di Bloom, 2 cucchiai di Micro e 1 cucchiaino di Grow per litro d'acqua.

Miscela di sistemi idroponici

Nutrire il terreno.

La migliore strategia per miscelare le soluzioni nutritive.

Preparare un piano di miglioramento può essere semplice come applicare un flacone di pus. La maggior parte dei tassi di fertilizzazione raccomandati fornisce in genere una scorta ragionevole dei miglioramenti di cui le piante hanno bisogno.

Tuttavia, alcuni sono assolutamente migliori di altri e si adattano progressivamente alle esigenze di piante specifiche. I marchi, ad esempio, Greenfire® Earth Juice, Welcome Harvest Farmtm, General Hydroponics®, Advance Nutrients®, Supernatural® e altri, forniscono le condizioni per la creazione in strutture di terra, senza terra o idroponiche.

La preparazione, invece, può trasformarsi in scienza a seconda di ciò che il professionista cerca di ottenere. Diversi produttori di prodotti gestiscono tutte le parti adattando le loro condizioni per soddisfare esplicitamente le esigenze in tutti i periodi della progressione.

La scelta di soddisfare i requisiti di un particolare ceppo è un altro fattore importante per la creazione di un accordo appropriato che affronti la condizione in modo che il produttore sia in grado di fornire alimenti perfetti e costi aggiuntivi.

È possibile selezionare le parti per milione (PPM) di un particolare segmento, ad esempio l'azoto, dai passi dei segmenti registrati sul pacchetto escretore.

Rilevamento di parti per milione

In caso di dubbio, il piano per i giochi complessi trattati dovrebbe essere di 1.000-1.500PM per un gioco sicuro, ma è possibile apportare modifiche personalizzate (come 800PPM) a seconda della fabbrica.

Il contatore TDS fornirà il test PPM (parti per milione). I contatori eccessivi misurano il volume dei locali e possono essere utilizzati per gestire tutti i costi con le basi senza dubbio, poiché i miglioramenti inequivocabili possono essere incorporati quando le fabbriche utilizzano miglioramenti espliciti.

Il piano caratteristico o inventato di giochi regolarmente trattati per il miglioramento non deve superare i 1500 pPM. Con una caratteristica abituale o un piano inventivo, il coltivatore può tenere conto di una misurazione di segmenti espliciti, in quanto molte escrezioni non contengono sali di progressione quadratica quando hanno una risposta abbondante. Ad esempio, quando Earth Juice® Grow e Earth Juice® Bloom vengono utilizzati per ottenere azoto e calcio PPM perfetti, il PPM sul misuratore sarebbe inferiore a quello che si otterrebbe utilizzando la risposta al nitrato di calcio per ottenere azoto e calcio PPM proporzionali.

Controllo di un serbatoio idroponico/aeroponico

Piante energetiche.

Le piante energetiche, a conti fatti, useranno più acqua che integratori. In questo momento, da 2 a circa un mese, l'aggiunta di acqua semplice a un archivio è con ogni probabilità tutto ciò che è necessario, alla luce del fatto che il piano di gioco diventerà salino (per esempio 1.800 PPM) quando una pianta assume acqua senza una tonnellata di integratori.

Finché le piante non iniziano a utilizzare una proporzione decente di integratori, non è possibile effettuare cambiamenti completi del negozio, considerando che ci sono integratori che non sono stati utilizzati dalle piante. Tutto sommato, da 600 a 1.000

PPM sono buoni per le piantine e l'avanzamento vegetativo.

Piante in via di sviluppo

Non è dannoso dare una risposta sul lato fragile (per esempio 1.000 PPM) finché le piante non iniziano a utilizzare un'equalizzazione di integratore e acqua, alla luce del fatto che i PPM aumenteranno man mano che l'acqua viene utilizzata dalle piante.

Quando le piante utilizzano in egual misura integratore e acqua, si consiglia di aggiungere da 1.000 a 1.500 ppm di concentrato.

Proprio quando le piante utilizzano più potenziamento che acqua, si propone un corso d'azione concentrato a circa 1.500 PPM, ad eccezione del caso in cui sia necessaria un'ossessione più radicata per mantenere i PPM a livelli perfetti. Si dovrebbe cercare di mantenere il PPM vicino a 1.500 PPM nel negozio quando si incorpora il liquido. In questo modo, il piano di gioco si manterrà il più possibile all'interno dei 1.000, anche se il PPM diminuisce progressivamente man mano che le piante utilizzano più potenziamento che acqua.

Quando un deposito ha bisogno di essere sviluppato (per esempio ogni 1 o 14 giorni circa), è un'idea intelligente permettere alla risposta di mancare il bersaglio. Per esempio, se un deposito pieno è a 1.500 PPM, è possibile lasciare che l'acqua e l'integratore si abbassino a un livello, per esempio, di 800 PPM. In questo modo si otterrà un certo grado di risciacquo, poiché il corso d'azione è un po' fragile. Inoltre, in un certo senso è sufficiente che il liquido esca dal deposito prima che venga incorporata un'altra linea d'azione, in questo momento il supporto.

Il problema principale è che i magazzini più grandi avranno meno variazioni di PPM e pH e manterranno basso il supporto.

Due galloni di corso d'azione per ogni pianta in una struttura di alto livello è un'indicazione rispettabile in un negozio. Questa misura compensa solo le piccole instabilità di PPM e pH.

Le piante che si trovano in prossimità della luce vera e propria sperimenteranno l'integrazione più rapidamente rispetto alle piante che ricevono una luce meno intensa.

Quando le piante non ricevono le giuste quantità di nutrimento, si verifica un'insufficienza di integratori. Quando si verifica un'esigenza, le piante cambiano di solito nascondendosi da verde a verde-giallo a giallo. Le insufficienze sono sempre un segno che l'archivio deve essere modificato o che è necessario aggiungere segmenti espressi all'inventario.

Proprio quando si verifica una carenza, si raccomanda di fornire alle piante il nutrimento di cui hanno bisogno (per esempio azoto o calcio). L'azoto è la carenza più evidente.

Il fabbisogno dovrebbe cambiare entro un giorno o due dall'applicazione degli escrementi giusti, e le piante dovrebbero tornare a un verde intenso, a parte il caso in cui la carenza abbia causato danni certificati.

Linee guida passo passo per l'uso e la

pulizia dei banchi tds

A. Gli anodi più giovani devono essere lavati con acqua pulita o raffinata o con alcool isopropilico e acqua. La punta Q aiuta a pulire i terminali senza sprechi.

Il contatore diretto deve essere immerso nel piano di gioco adattivo (ad es. 1000 PPM). Una piccola punta di supporto o di schermatura intorno al terminale si riempie come luogo in cui il corso dell'azione può cambiare.

C. Il quadrante deve ruotare finché il test non visualizza un piano di gioco (ad esempio, 1000 PPM).

D. Gli anodi devono essere nuovamente puliti con acqua brillante o raffinata.

E. Il contatore deve essere immerso nel magazzino dopo aver incorporato il fertilizzante.

F. È necessario aggiungere un fertilizzante (concime) o acqua per modificare il test tra 1.000 e 1.500 al minuto.

Nel caso in cui il PPM sia più alto del necessario, l'aggiunta di acqua può indebolire la risposta per lo sviluppo di un PPM perfetto. Il misuratore è estremamente inutile per scegliere le proporzioni effettive di un corso d'azione caratteristico o prodotto regolarmente, eppure è un misuratore di riferimento medio. Attualmente, ci sono sezioni di complessità e piani caratteristici dell'invenzione, e l'area consiglia l'approccio più ideale per ottenere il PPM perfetto di un particolare segmento (per esempio, l'azoto) nel fertilizzante a pagine 88-90.

In un mondo perfetto, una fonte d'acqua è vicina a 0 ppm, quindi l'acqua non può avere PPM indesiderati che possono imporre restrizioni sulla percentuale di fertilizzante aggiunto in risposta. Esiste una serie di macchine sufficientemente sensibili, come ad esempio le saldatrici e i depuratori, che eliminano i solidi fastidiosi dalla rete idrica.

Nota: le letture PPM possono essere utilizzate come fonte di visualizzazione quando si modificano i piani di gioco, poiché non vedono risposte verificabili in parti per milione. È meglio registrare le parti per milione di un concime o di un particolare segmento con alcune cifre matematiche e scientifiche, come mostrato alle pagine da 88 a 90.

La maggior parte dei misuratori ha un valore inferiore a 100 dollari. Misurano PPM a grandezza 100 (ad esempio 100, 500, 1000, 1100). Per un numero considerevole di individui, questi contatori fanno questo. Tuttavia, esistono contatori costosi che misurano la risposta in una grande collezione di monete. Questi dispositivi sono destinati agli acquacoltori.

Selezione di ppm senza contatore

Fase 1

Il grado di segmentazione del letame (ad esempio 20-20-20) è necessario per selezionare il PPM.

I pacchetti di fertilizzanti sono registrati come NPK. N è tutto l'azoto e il fosforo è registrato come composto (P2O5) e il potassio è registrato come (K2O).

Il fosforo (P) distrugge il 44% di fosforo (P2O5), il potassio (K) l'83% di potassio (K2O).

Per ricavare i PPM dal letame 15-30-15, la procedura di base consiste nel prendere i tre numeri e spostare il punto decimale dall'altra parte. Per quanto riguarda l'azoto, il numero sarebbe 200. Questo numero darà parti per milione di azoto quando un grammo viene aggiunto a ogni difetto o litro.

Per il fosforo, il produttore deve aumentare 300 per 0,44. Ad esempio, 300 x 0,44 = 132 pPM. Questo numero indica le parti per milione di fosforo quando un grammo viene aggiunto a ogni quadrato o litro.

Per quanto riguarda il potassio, il produttore dovrebbe portare 150 a 0,83. Ad esempio, 150 x 0,83 = 124,5 PPM. Questo numero fornisce le parti per milione di potassio quando un grammo viene aggiunto a ogni quarto o litro.

Nota supplementare: alcuni coltivatori preparano i loro alimenti per piante con 5-7 sali di base, come indicato alle pagine 95-96.

Poche linee guida dettagliate per ottenere il grado di parte (per esempio, K = potassio) nel composto (per esempio K2SO4).

Ecco i metodi per ottenere le parti per milione di zolfo (S) e potassio (K) necessarie nel solfato di potassio (K2SO4).

A. È la solita tabella dei segmenti per ottenere le quantità atomiche di ogni particella. Ad esempio, il potassio ha il numero atomico 19, lo zolfo ha il numero atomico 16 e l'ossigeno ha il numero atomico 8.

B. Finché, per selezionare il grado di ogni segmento, tutti i segmenti devono avere il loro numero atomico esteso dalla quantità di particelle presenti nella giunzione. Per quanto riguarda il K2SO4, il numero atomico del potassio, che è 19, copia 2 con 38, perché ci sono 2 particelle di potassio. Poiché c'è una sola molecola di zolfo, 16 si espande per 1, il che dà 16. L'ossigeno ha 4 particelle nel composto, che attualmente si espande da 4 a 32.

C. Dal numero totale di numeri atomici, si espande per la quantità di particelle, quindi si incorpora la somma delle particelle copiate sulle loro cariche atomiche.

D. Per ottenere il grado di ciascun segmento, la proporzione di particelle viene espansa per il numero atomico del segmento. Ad esempio, per quanto riguarda il potassio, 2 x 19 = 38.

E. La proporzione di particelle espanse dal numero atomico del segmento è staccata dall'intero numero esteso di segmenti copiati dai loro numeri atomici. A causa del potassio, il 38 (numero di particelle x numero atomico) è isolato da 86 = .44.

F. Il numero copiato per 100 dà il tasso. Per il potassio, .44 x 100 = 44%.

Fase 2

Infine, il numero del tasso dovrebbe avere il punto decimale spostato di più di un punto dall'altra parte. In virtù del potassio, il numero sarà 440. Questo numero indicherà le parti per milione di un segmento quando 1 grammo viene aggiunto a ogni quarto o litro. In virtù del potassio, 1 grammo di solfato di potassio in un quarto di liquido darà 440 PPM di potassio. Utilizzando una parte enorme di un grammo per ogni litro si otterranno 220 PPM di potassio e 95 PPM di zolfo.

Fase 3

Il livello di dissolvibilità (e di perfezione) in acqua sarà l'ultima parola. Ad esempio, un paio di piani di gioco e di polveri si separeranno completamente in particelle utilizzabili, mentre altri non saranno dissolvibili in acqua, con la conseguenza che i segmenti non saranno rapidamente disponibili per le piante. Ad esempio, il gesso (CaSO4) non è dissolvibile in acqua, il che lo rende a tutti gli effetti inutile per l'uso idroponico. Tuttavia, il gesso si separa passo dopo passo nel terreno, dove funziona bene. Tutte le piante in questo momento sono dissolvibili in acqua al 100%.

Istruzioni passo passo per il Ph di una soluzione

Il PH è la percentuale di fissazione delle particelle di idrogeno in una risposta o in un altro mezzo. Ci sono più particelle di idrogeno in una disposizione corrosiva che in una disposizione essenziale. Su una scala, un pH di 7,0 è imparziale, inferiore a 7,0 è acido e superiore a 7,0 è basico.

L'ammissione di componenti specifici da parte di una pianta è straordinariamente influenzata dal pH. Un pH compreso tra 5,5 e 6,5 è lo standard per questa strategia idroponica naturale. Un pH compreso tra 6,0 e 6,5 funziona in modo eccellente per lo sviluppo vegetativo e la fioritura precoce, mentre un pH compreso tra 5,5 e 6,3 funziona in modo eccellente durante la fioritura.

A. Il pH dell'acqua di pianura deve essere controllato prima di inserire i concimi. Il numero di pH deve essere registrato dove si può trovare senza dubbio. Nel caso in cui il pH dell'acqua sia equivalente in seguito, è più semplice fare un'equazione rapida utilizzando compost simili senza fare stime.

B. È possibile includere tutti i compost e mescolarli bene. Le quantità devono essere registrate per riferimento futuro.

C. Una penna a pH perfetto dovrebbe essere regolata a 7,0, che è il pH di riferimento della disposizione di allineamento.

D. La penna deve essere immersa nella composizione e il pH deve essere aumentato o diminuito fino a quando la percezione non si trova nel territorio preferito da 5,5 a 6,5.

Esempi di innalzamento naturale del pH sono i preparati (bicarbonato di sodio), l'Earth Juice® Natural Up e le ceneri di legno. Esistono infiniti preparati per l'innalzamento del pH, accessibili ovunque ci siano forniture per il giardinaggio. Le bevande analcoliche riscaldanti devono essere utilizzate con cautela, dato che il sodio non può essere eliminato. Fortunatamente, il sodio può essere eliminato con semplice acqua.

Le piante possono trattenere quantità sconsiderate di sodio se i livelli di potassio non sono adeguati. Utilizzando miscele di cura che non agitano il livello di pH, è necessario un aumento del pH praticamente nullo.

Un caso di abbassamento naturale del pH è l'espansione di Earth Juice® Natural Down e Greenfire® Earth Juice Grow. È stato dimostrato che la farina bianca e l'aceto funzionano bene. Esistono numerose marche di abbassamento del pH.

Registrare la quantità di pH up o di pH down inclusa (per riferimento futuro) è una buona strategia per assemblare una disposizione indistinguibile in seguito.

E. I terminali devono essere lavati con acqua pulita prima di uccidere il contatore.

Deriva del ph

Il pH deve essere controllato giorno per giorno e bilanciato se necessario, dato che molti preparati trattati aumentano o diminuiscono completamente il pH in meno di 24 ore. I concimi naturali in genere aumentano il pH dopo la miscelazione e possono continuare a farlo per un giorno o fino a un paio di giorni dopo la miscelazione. L'inclusione di melassa e l'assenza di concimi specifici possono mantenere il pH in salita in una risposta (naturale o sintetica naturale) a una base.

Per le composizioni di compost con integratori naturali, la fluttuazione del pH è generalmente fondamentale dopo la miscelazione della composizione e quando alcuni integratori presenti in negozio risultano insufficienti.

Preparare un accordo naturale (o un intruglio naturale) con uno o due giorni di anticipo, con la melassa (1,5 ml per litro d'acqua) è una buona fase iniziale.

Il metodo più efficace per utilizzare e pulire la penna Ph

Nel caso in cui una penna per il pH non possa essere utilizzata ogni giorno, è difficile ottenere letture esatte e potrebbe non allinearsi alla giusta percezione, soprattutto se si utilizzano compost naturali. L'utilizzo di un dispositivo di pulizia prima della cura allinea la penna in modo preciso. La penna deve rimanere umida quando viene curata. Un paio di gocce di prodotto per l'allineamento nella parte superiore della base consentono ai terminali di rimanere umidi.

Anche la pulizia della penna per il pH con acqua di rubinetto pulita e un cotton fioc funziona e consente di risparmiare denaro. Quando si utilizza un cotton fioc, si consiglia di allontanare delicatamente il cuscinetto dal bastoncino, in modo da poter spostare il delicato batuffolo di cotone tra gli spazi più intensi. È necessario prestare sempre attenzione al vetro, poiché può rompersi e iniziare a fornire letture anomale senza che un coltivatore si accorga dell'errore.

Dopo il lavaggio della penna, si utilizza il cuscino di pH 7,0 per regolare la penna. Il misuratore deve percepire 7,0. Potrebbero essere necessari alcuni secondi per raggiungere un valore stabile. La penna può arrivare a 7,2 per un paio di istanti, poi può scendere gradualmente prima di arrivare a 7,0 costante.

Di tanto in tanto si dovrebbe utilizzare una piccola brocca di pH 4,0 per decidere lo stato del pH-metro, in modo da vedere che la penna si allinea a due numeri unici, 4,0 e 7,0.

Dopo aver regolato la penna per il pH, è necessario lavarla bene con acqua pulita prima di utilizzarla. La penna deve essere lavata bene con acqua pulita dopo ogni utilizzo. Se l'acqua è accettabile, pulita e corrente, la penna rimarrà regolarmente a un numero quando viene lavata.

Se la penna per il pH è davvero perfetta e allineata in modo appropriato, dovrebbe rimanere regolata per alcune letture.

Quando la regolazione avviene in un altro modo, è molto probabile che la penna abbia bisogno di una pulizia. Se lo strumento non è in grado di farlo e viene regolato, tutte le letture possono risultare errate. Anche le batterie scariche possono perdere le letture e far funzionare la penna per il pH a una velocità inferiore.

Scegliere un terreno idroponico

La scelta del miglior substrato idroponico possibile è il fattore più significativo per un vivaio idroponico fruttuoso. Tutti i substrati rispondono a un programma di preparazione in modo inaspettato e il costo dei substrati cambia drasticamente.

Alcuni materiali di prossimità (ad esempio corteccia di abete, trucioli di legno, piccole pietre e fili di cocco) sono accessibili localmente a un costo modesto. La maggior parte degli allevamenti idroponici di grandi dimensioni utilizza grandi quantità di materiali locali per ridurre al minimo le spese, ma uno specialista può migliorare i rendimenti grazie ad articoli commerciali, come terra, lana di roccia o miscela di terriccio igienizzato, che sono modesti e utili per i vivai più piccoli.

Per un esperto, l'acquisto di un substrato idroponico (ad esempio lana di roccia) dal negozio di giardinaggio di quartiere potrebbe essere una soluzione meno costosa (e di migliore qualità) rispetto alla ricerca di un substrato gratuito.

Per qualsiasi terreno di coltura, si consiglia di conservarlo per 3-6 giorni, quindi di risciacquare per 1 giorno con acqua semplice. Una scelta per il risciacquo è quella di utilizzare acqua semplice e da 1 a 2 ml di perossido di idrogeno per proteggersi dai disturbi nella zona radicale. Un produttore può sciacquare per tutto il ciclo della vegetazione, fino a quando la raccolta avviene entro circa quattordici giorni.

Due settimane prima del raccolto, i produttori risciacquano spesso il terreno di coltura con acqua semplice, con un trattamento di schiarimento seguito da acqua semplice o con un trattamento a basso contenuto di PPM (ad esempio da 0 a 400 PPM) per ottenere il sapore più estremo.

Preparazione dei mezzi di comunicazione

La perlite si compatta e deve rimanere in uno scomparto d'acqua per circa mezz'ora. Le particelle fini di perlite affonderanno alla base dell'acqua. La perlite che si compatta è preziosa. Il peggio del peggio può andare in fertilizzante o in vivaio. La perlite è un discreto substrato, ma non si attacca ai componenti. In questo modo, le piante devono essere molto curate.

Il fango scivola e deve essere inzuppato o lavato finché l'acqua che lo attraversa non diventa limpida. Lavare il fango è come lavare il riso finché l'acqua non diventa limpida. La sporcizia ha una carica contraria e attira particelle positive, come il calcio e il potassio.

L'immersione di substrati rocciosi, ad esempio il fango, in acqua e perossido di idrogeno al 35% (ad esempio da 2 a 5 ml per ogni litro d'acqua) contribuisce a sanificare il substrato da eventuali infezioni. Anche il calore del sole pulisce i terreni di coltura.

Attenzione: la perlite e altri terreni possono bloccare la struttura di cura e impedire che l'impianto si sifoni o si esaurisca. Tutti gli schermi e i canali possono richiedere una pulizia occasionale e il sifone deve essere pulito con il tubo della biancheria intima (se utilizzato) durante il cambio del negozio.

Riutilizzare i mezzi di comunicazione

Tutti i substrati (ad eccezione di quelli sacrificabili come la lana di roccia) possono essere riutilizzati se tutte le radici vengono espulse dal substrato e se il substrato viene pulito tra una coltura e l'altra. Ad esempio, il fango, la miscela di terriccio e le pietre rotonde possono essere utilizzati senza alcun dubbio. I substrati possono essere sanificati con un uso di perossido di idrogeno al 35% (circa 5 ml per ogni litro d'acqua).

La maggior parte dei substrati, ad esempio la perlite, può essere trattata con il terreno o utilizzata immediatamente per migliorare il terreno. Per esempio, i trucioli di legno separati possono essere utilizzati come fertilizzanti, mentre la perlite e la miscela senza terriccio possono essere utilizzate legittimamente nel vivaio.

I supporti devono essere puliti al termine della raccolta per mantenere una distanza strategica dalle muffe. Le muffe si sviluppano spesso quando un substrato inzuppato (ad esempio la terra) rimane inutilizzato. Nel caso in cui sia fondamentale, si può utilizzare un prodotto chimico per agrumi per pulire il substrato con l'obiettivo di espellere tutte le muffe e lo sviluppo ceroso.

Dopo l'applicazione del prodotto chimico per agrumi, il terreno di coltura deve essere risciacquato con acqua semplice per espellere il detergente come sacche d'aria. Un po' di prodotto chimico in più nel terreno di coltura non danneggia le piante.

Riutilizzare la miscela di terriccio

Al termine della coltivazione indoor o outdoor, la miscela di terriccio può essere igienizzata con perossido di calcio, in modo da poterla riutilizzare per sviluppare altri raccolti. Questo è utile perché, dopo ogni raccolto, la miscela sviluppata mantiene il suo valore di rischio, dato che tende a essere riutilizzata in modo incerto.

Per ogni raccolto in più si deve inserire solo nuovo compost. I concimi composti possono essere applicati in modo più pesante nelle regioni con precipitazioni sufficienti, in quanto la miscela otterrà un lavaggio caratteristico.

Vi sta piacendo questo libro? Se sì,
sarei davvero felice se poteste lasciare
una breve recensione su Amazon,
significa molto per me! Grazie.

Capitolo 9: Carenze minerali nelle piante

Ph acido-base

Il cambiamento chimico porta alla produzione di nuove sostanze, che possono essere benefiche o dannose (e talvolta entrambe!). Gli acidi e le basi sono due tipi di sostanze molto importanti nella vita quotidiana.

Gli acidi sono sostanze acide, solubili in acqua, molto utili nell'industria, nella pulizia della casa e nei prodotti da cucina; alcuni esempi sono l'aceto, le compresse di vitamina C, il bicarbonato, l'aspirina, il succo di limone e la panna. L'aceto è una soluzione di circa una parte di acido acetico per 20 parti di acqua: una tale miscela di acido e acqua è chiamata soluzione acida. I limoni e i pompelmi hanno un sapore morbido perché contengono un acido chiamato acido citrico. Il lievito in polvere contiene un acido secco chiamato acido tartarico. Un altro acido molto importante è l'acido dello stomaco (acido cloridrico diluito) che aiuta a digerire il cibo. Gli acidi non diluiti in acqua sono pericolosi: subiscono cambiamenti chimici così facili che possono reagire con la pelle e causare ustioni.

Le basi sono sostanze amare e solubili in acqua, anch'esse molto utili. Esempi di basi sono l'ammoniaca, il bicarbonato e un detergente per scarichi. Le basi sono utilizzate anche in alcune batterie. Le soluzioni che formano acqua sono chiamate soluzioni basiche o alcaline. Le basi sono anche molto reattive e devono essere maneggiate con estrema cautela perché sono facili da far reagire.

Probabilmente avete sentito parlare degli antiacidi. Queste sostanze sono basi sicure da deglutire che reagiscono con l'acido gastrico. Il cambiamento chimico in cui un acido reagisce con una base è chiamato neutralizzazione. Si parla di neutralizzazione perché quantità uguali di acido e base creano una soluzione neutra - acido neutro o basico. Gli antiacidi vengono utilizzati quando lo stomaco contiene una quantità eccessiva di acido, che irrita la mucosa gastrica.

La scala del pH misura l'acidità o la basicità di una soluzione. Questa scala va da 0 per una soluzione estremamente acida a 14 per una soluzione estremamente basica. Il pH di una soluzione neutra è 7. La diminuzione di un'unità su questa scala rappresenta un aumento di dieci volte dell'acidità. La maggior parte delle piante predilige un pH leggermente acido, compreso tra 6,0 e 6,5. Valori di pH adeguati sono importanti perché la pianta possa assorbire tutti i nutrienti contenuti nella soluzione. Uno dei problemi più comuni associati agli allevamenti domestici è il pH alto o basso. Questi problemi si manifestano rapidamente e possono essere combattuti in modo facile e veloce!

La maggior parte dell'acqua di rubinetto ha un pH leggermente basico, compreso tra 7 e 8. Il nutriente che mescoliamo alla soluzione è a base acida e regola il pH a un punto o meno. Tuttavia, potrebbe essere necessario regolare ulteriormente il pH utilizzando un acido stabile e utilizzabile, come l'acido fosforico diluito. Questo è lo scenario più comune.

Forse la fonte d'acqua che utilizziamo è acida (ad esempio, alcuni pozzi e acque sotterranee) e dopo aver mescolato i nutrienti dobbiamo regolare il pH più alto.

In questo caso, dovremmo usare un alcali stabile e utilizzabile, come il fosfato di potassio diluito.

È possibile utilizzare un metodo semplice per rilevare se la soluzione è acida o basica. Un indicatore è una sostanza che cambia colore a seconda che si trovi in una soluzione acida o basica. Sono disponibili anche misuratori elettronici per controllare facilmente il pH della soluzione. Vengono semplicemente immersi nella soluzione e forniscono una lettura digitale.

Forse uno degli aspetti più importanti del giardinaggio, il pH è molto importante nel giardinaggio idroponico e biologico, così come nel normale giardinaggio "a terra". Il pH si misura su una scala da 1 a 14, dove 7 è "neutro". Gli acidi sono inferiori a 7 e gli alcali (basi) superiori a 7.

Questo articolo tratta del pH del giardinaggio idroponico e della disponibilità di sostanze nutritive a diversi livelli di pH in un terreno di coltura privo di terra. Il giardinaggio biologico e la terra hanno livelli diversi, quindi la seguente tabella non si applica a loro.

Per essere tecnici, il termine pH si riferisce al contenuto potenziale di ioni idrogeno-idrossile in una soluzione. Le soluzioni si ionizzano in ioni positivi e negativi. Se la soluzione contiene più ioni idrogeno (positivi) che idrossile (negativi), è acida (1-6,9 sulla scala del pH). Al contrario, se la soluzione contiene più ioni idrossile che idrogeno, è alcalina (o base), con un intervallo compreso tra 7,1 e 14 sulla scala del pH.

La scala del pH è logaritmica, il che significa che ogni variazione di unità equivale a una variazione di dieci nella concentrazione di ioni idrogeno/idrossile. In altre parole, una soluzione a pH 6,0 è 10 volte più acida di una soluzione a pH 7,0, e una soluzione a pH 5,0 sarebbe 10 volte più acida di una soluzione a pH 6,0 e 100 volte più acida di una soluzione a pH 7,0. Ciò significa che quando si regola il pH di una soluzione nutritiva e lo si deve spostare di 2 punti (esempio: da 7,5 a 5,5), si dovrà utilizzare un numero di regolazioni 10 volte superiore rispetto a quello che si avrebbe spostando il valore del pH di un solo punto (da 7,5 a 6,5).

Perché il ph è importante?

Quando il pH non è al livello giusto, la pianta perde la capacità di assorbire alcuni degli elementi essenziali necessari per una crescita sana. Per tutte le piante esiste un certo livello di pH che garantisce risultati ottimali (vedi tabella 1). Questo livello di pH varia da pianta a pianta, ma in generale la maggior parte delle piante preferisce un ambiente di allevamento leggermente acido (tra 6,0 e 6,5), anche se la maggior parte delle piante può comunque sopravvivere in un ambiente con un pH compreso tra 5,0 e 7,5.

Quando il pH supera i 6,5, alcuni nutrienti e micronutrienti iniziano a precipitare dalla soluzione e possono aderire alle pareti del serbatoio e delle camere di crescita. Ad esempio, il ferro precipita approssimativamente a pH 7,3, mentre a circa 8,0 non c'è quasi più ferro nella soluzione. Affinché le piante possano utilizzare i nutrienti, questi devono essere disciolti in soluzione. Una volta che i nutrienti sono precipitati dalla soluzione, le piante non possono più assorbirli e soffrono (o muoiono). Alcuni nutrienti precipitano dalla soluzione anche quando il pH si abbassa.

Capitolo 10: Ph acido-base

Come regola generale, i misuratori di pH devono essere regolati di tanto in tanto, poiché possono galleggiare e, per garantire la precisione, è necessario controllare regolarmente l'allineamento. Il puntale deve essere posizionato nel deposito anodico o nella posizione del cuscino. Il puntale non deve mai asciugarsi.

A causa del modo in cui i misuratori di pH hanno un rating di separazione senza preavviso, è una buona idea mantenere la crisi in uno stato d'animo per controllare il pH (striscia reattiva di carta o test liquido confezione di prova) per problema.

Cambia il ph

Esistono diversi composti sintetici utilizzati dagli specialisti delle piante nel tempo libero per modificare il pH. I più noti sono probabilmente il fosforo corrosivo (per abbassare il pH) e l'idrossido di potassio (per aumentare il pH). Questi due preparati sintetici sono moderatamente protetti, nonostante possano causare consumo e non debbano mai interagire con gli occhi. La maggior parte delle forniture idroponiche vende agenti per il pH indeboliti a un livello sensibile e facile da usare. Gli agenti concentrati possono causare enormi variazioni di pH e modificare il pH in modo deludente.

Per modificare il pH degli integratori idroponici si possono usare diversi prodotti sintetici. L'azoto e i corrosivi con zolfo possono essere usati per abbassare il pH, ma sono molto più pericolosi dei corrosivi con fosforo. L'estratto nutritivo degli agrumi viene in alcuni casi utilizzato nelle piantagioni naturali per abbassare il pH.

Aggiungere continuamente integratori all'acqua prima di controllare e modificare il pH del programma di integrazione. Il fertilizzante generalmente abbassa il pH dell'acqua a causa della raccolta degli ingredienti. Dopo aver aggiunto gli integratori e averli mescolati, controllate il pH con ciò che ne consegue. Se il pH deve essere bilanciato, aggiungere l'agente appropriato. Utilizzare quantità modeste di agente per il pH finché non si ha familiarità con il processo. Riconfermare il pH e riaggiustare i passaggi precedenti fino a quando il livello di pH non sarà al livello desiderato.

Il pH del programma di integrazione aumenterà man mano che le piante utilizzano l'integrazione alimentare. In seguito, il pH deve essere controllato periodicamente (e bilanciato, se necessario). Per iniziare, vi consiglio di controllare costantemente il pH. Ogni immagine modificherà il pH a una velocità alternativa che condizionerà molti elementi.

Capitolo 11: Alimenti coltivati in idroponica

L'idroponica è un tipo di coltivazione in cui le radici delle piante non si sviluppano nel terreno, ma in acqua avanzata e supplementare. È una tecnica incredibile per sviluppare il nutrimento all'interno e in spazi ridotti. Con l'espansione dei controlli programmati, tende a essere quasi priva di manutenzione.

Radici storiche idroponiche

L'impianto idroponico ha origini antiche, forse già nel primo secolo dell'antica Roma, quando l'imperatore Tiberio aveva bisogno che i cetrioli si sviluppassero tutto l'anno nella sua residenza reale. Nel 600 a.C., gli specialisti di piante dei Giardini Pensili di Babilonia - uno dei sette miracoli del mondo antico - potrebbero aver utilizzato standard idroponici. Più a sud, nel decimo e nell'undicesimo secolo, gli Aztechi costruirono una serie di giardini idroponici a scorrimento o chinampas. Incapaci di sviluppare colture sulle rive fangose del lago Tenochtitlan, questi primi coltivatori idroponici costruirono pontoni fatti di canne, permettendo alle radici delle piante di scivolare attraverso le aperture della struttura in profondità nell'acqua.

Conosciuto anche come nutricoltura e chimica, il termine idroponica deriva dalle parole greche che indicano l'acqua (hydro) e il lavoro (ponos), cioè l'acqua che lavora. Il termine è entrato a far parte del vocabolario delle piante quando il dottor William F. Gericke dell'Università della California, Berkeley, ha condotto ricerche sul nutrimento delle piante per applicazioni colturali di enorme portata. Al di fuori del laboratorio, Gericke si è reso antipatico ai suoi vicini quando ha fatto crescere nel suo prato viti di pomodoro alte 25 metri utilizzando solo integratori minerali.

Come funziona?

Le piante sviluppate in idrocoltura non dipendono dal terreno per l'acquisizione degli integratori. Piuttosto, un'acqua ricca di integratori a pH controllato fornisce ciò di cui la pianta ha bisogno per prosperare, trasferendo il nutrimento direttamente alle radici della pianta, dove viene rapidamente assimilato.

Le colture idroponiche utilizzano strutture controllate da circuiti chiusi che consentono ai vivaisti di mantenere condizioni di sviluppo ideali. In una struttura indoor, le luci elettriche finte duplicano la luce comune del sole per favorire la fotosintesi. Poiché le piante necessitano di un flusso d'aria sufficiente per ottenere l'anidride carbonica necessaria per la fotosintesi, le strutture idroponiche indoor di solito incorporano ventilatori o un sistema di ventilazione.

L'assenza di terra significa assenza di erbacce, quindi le piante sviluppate in idroponica non necessitano di erbicidi distruttivi. Poiché il terreno contiene regolarmente malattie che possono essere trasmesse alle piante, le piante idroponiche sono in genere più sicure da infezioni e fastidi, anche se non del tutto. Come nel caso dello sviluppo in terra, le piante idroponiche possono attirare gli insetti. Comunque sia, gli insetti saranno in genere trascurabili grazie alla condizione di sviluppo controllato. Le piante idroponiche non sono veramente naturali, ma i coltivatori possono controllare gli insetti utilizzando strategie organiche al posto di pesticidi non sicuri.

'Dry spell friendly' e risparmio idrico

Poiché l'acqua viene fornita attraverso un sistema di riciclo, la coltura idroponica utilizza circa il 90% di acqua in meno rispetto alle tecniche di sviluppo convenzionali basate sul suolo, monitorando così l'acqua - un'idea invitante nei periodi di siccità.

Straordinario per la vita in piccoli spazi e il giardinaggio indoor

Le strutture idroponiche sono ideali per i vivaisti che vivono in spazi ridotti, poiché non richiedono quasi nessuna superficie. A parità di spazio, lo sviluppo idroponico consente di ottenere raccolti più volte superiori rispetto ai sistemi tradizionali basati sul terreno. La maggior parte delle strutture domestiche sono tutt'altro che difficili da installare e lo spostamento del vivaio non è un'operazione laboriosa, poiché le strutture sono generalmente facili da spostare.

Può essere quasi esente da manutenzione

Alcune strutture idroponiche sono di tipo "attacca e stacca", in quanto mettono in evidenza controlli programmati che controllano i livelli di acqua e di integratori, e un orologio per sorvegliare il sistema idrico e includere la disposizione degli integratori quando necessario.

Capitolo 12: Sistemi di movimentazione post-raccolta

Gli articoli vegetali "preparati in modo trascurabile" vengono sistemati e curati in modo da mantenere la loro nitidezza mentre vengono consegnati al cliente. La consegna di articoli trattati in modo insignificante comprende la pulizia, il lavaggio, il taglio, l'incisione, la distruzione, ecc. Diversi termini utilizzati per alludere a prodotti poco manipolati sono "preparati in modo non completo", "preparati in modo incompleto", "lavorati freschi" e "preparati in anticipo".

Gli alimenti preparati in modo insignificante e provenienti da terra comprendono patate spolpate e tagliate; lattuga e cavoli distrutti; spinaci lavati e tagliati; pesche, mango, melone e altri prodotti naturali tagliati; bocconcini di verdura, ad esempio bastoncini di carota e sedano e cimette di cavolfiore e broccoli; porzioni miste e raggruppate di verdure miste; cipolle pulite e tagliate a cubetti; ananas spolpato e tagliato a cubetti; salse nuove; agrumi biologici spolpati e piatti di verdure croccanti da cuocere al microonde.

Sebbene la maggior parte dei sistemi di preparazione degli alimenti riequilibri i prodotti e ne prolunghi la capacità e il tempo di utilizzo realistico, la manipolazione leggera dei prodotti della terra ne aumenta la deperibilità. Per questo motivo, la necessità di una maggiore sanificazione, sistemazione e trattamento di questi prodotti richiede informazioni sulla scienza e l'innovazione alimentare e sulla fisiologia post-raccolta.

Lo sviluppo ricercato ha spinto ad ampliare la promozione di nuovi prodotti agricoli in strutture delicatamente preparate. È stata creata un'industria dedicata a questo tipo di preparazione del cibo e ultimamente è stata fondata l'Associazione nazionale dei trasformatori di prodotti freschi.

Risposte fisiologiche

Una manipolazione trascurabile aumenta per lo più i ritmi delle procedure metaboliche che causano il decadimento dei nuovi elementi. Il danno fisico o il pregiudizio provocato dalla manipolazione aumenta la creazione di alito ed etilene praticamente in un attimo, e si verificano aumenti correlati nei tempi di altre risposte biochimiche responsabili di cambiamenti nella colorazione (se si considera il soffritto), nel sapore, nella superficie e nella qualità del nutrimento (per esempio, la cattiva qualità dei nutrienti). Più il livello di preparazione è notevole, più la reazione di danno è evidente. Il controllo della reazione di lesione è il modo per ottenere un risultato manipolato di buona qualità. L'effetto della ferita e della lesione può essere ridotto raffreddando l'articolo prima della preparazione. Un controllo severo della temperatura dopo la manipolazione è inoltre fondamentale per ridurre il movimento metabolico provocato dalle lesioni, come è emerso dalle informazioni sul respiro di cavoli impeccabili e distrutti messi a diverse temperature. Altri sistemi che riducono notevolmente i danni sono l'uso di lame affilate, il mantenimento di condizioni di sterilità rigorose e l'efficace lavaggio e asciugatura (evacuazione dell'umidità superficiale) dell'oggetto tagliato.

Problemi microbiologici

I prodotti del suolo sono specialità naturali per una microflora diversa e in evoluzione, che di norma esclude i tipi patogeni per l'uomo. Gli alimenti non contaminati coltivati dal suolo sono in qualche modo protetti da mangiare, dato che la striscia superficiale è un potente ostacolo fisico e composto per la maggior parte dei microrganismi. Inoltre, se la striscia viene danneggiata, la corrosività del pastone impedisce lo sviluppo di esseri viventi, a parte i parassiti e gli organismi microscopici tolleranti all'acido che sono le creature di deterioramento per lo più collegate alla putrefazione. Nei vegetali, la microflora è sopraffatta dalle forme di vita del suolo. Le verdure tipiche del marciume, tra cui i microbi Erwinia e Pseudomonas, hanno normalmente il sopravvento su altre creature che potrebbero essere distruttive per l'uomo.

I cambiamenti nelle condizioni ecologiche che circondano un articolo possono portare a grandi cambiamenti nella microflora. Il pericolo di microbi patogeni può aumentare con l'impacchettamento di pellicole (elevata umidità relativa e condizioni di basso ossigeno), con l'impacchettamento di risultati a basso contenuto di sostanze saline e alto pH cellulare e con la capacità degli articoli impacchettati a temperature troppo elevate (>5°C o 41°F). Gli agenti patogeni dell'alimentazione, ad esempio Clostridium, Yersinia e Listeria, possono eventualmente crearsi su alimenti preparati in modo trascurabile e coltivati a terra in queste condizioni.

Nel caso di articoli trattati in modo insignificante, l'espansione delle superfici danneggiate e l'accessibilità ai supplementi cellulari creano condizioni che ampliano il numero e i tipi di organismi che si creano. Inoltre, il trattamento esteso degli articoli offre maggiori possibilità di contaminazione da parte di creature patogene.

Lo sviluppo microbico su articoli manipolati in modo trascurabile è controllato principalmente da una grande sanificazione e dalla temperatura dei dirigenti. La sanificazione di tutti gli attrezzi e l'utilizzo di acqua clorata sono metodologie standard. La bassa temperatura durante e dopo la manipolazione impedisce nella maggior parte dei casi lo sviluppo microbico, ma può favorire la presenza di forme di vita psicrotrope, ad esempio le Pseudomonadi. L'umidità aumenta lo sviluppo microbico, per cui è fondamentale l'evacuazione dell'acqua di lavaggio e di pulizia mediante centrifugazione o tecniche diverse. Una bassa umidità diminuisce lo sviluppo batterico, ma allo stesso tempo favorisce l'essiccazione (restringimento e appassimento) dell'articolo. Un basso livello di ossigeno e un aumento dei livelli di anidride carbonica, regolarmente correlati al monossido di carbonio, ostacolano lo sviluppo microbico. I materiali di imballaggio in film plastico alterano l'umidità e l'organizzazione dell'aria che circonda gli articoli trattati e quindi possono modificare il profilo microbico.

Preparazione degli articoli

Una preparazione trascurabile può avvenire in una "catena immediata" di preparazione e trattamento in cui l'articolo viene maneggiato, distribuito e successivamente promosso o utilizzato. Numerosi articoli sono anche trattati in una "catena interferita" in cui l'articolo può essere messo via prima o dopo la preparazione o può essere trattato in vari gradi in diverse aree. Alla luce di questa varietà di tempi e finalità di manipolazione, è utile avere la possibilità di valutare la natura del materiale grezzo e anticipare i tempi di realistica utilizzabilità dell'articolo preparato.

Gli articoli trattati in modo insignificante possono essere preparati alla fonte di creazione o presso i trasformatori locali e vicini. Indipendentemente dal fatto che un articolo possa essere trattato alla fonte o localmente, dipende dalla deperibilità del prodotto.

Sistemi di movimentazione post-raccolta

La struttura trattata è comparabile con la struttura intatta e con la qualità richiesta per l'utilizzo assegnato dell'articolo. La manipolazione si è spostata dall'obiettivo (nelle vicinanze) ai processori alla fonte, con l'aggiornamento degli impianti, l'alterazione del clima e l'aumento della temperatura del pannello.

In passato, le attività di preparazione della lattuga recuperavano spesso la lattuga che rimaneva nei campi dopo essere stata raccolta per il mercato delle patatine fritte. Attualmente si ritiene che la lattuga di primo taglio debba essere utilizzata per ottenere la qualità più estrema. Dopo il taglio e l'incisione, le dimensioni dei pezzi possono essere ridotte con lame rotanti o attaccando pezzi di insalata. Il danneggiamento delle cellule vicino alle superfici tagliate influisce sul tempo di utilizzabilità e sulla natura dell'articolo. Per esempio. La lattuga distrutta da una lama affilata con un movimento di taglio ha una capacità di vita circa doppia rispetto alla lattuga tagliata con un'attività di taglio. Il tempo di utilizzabilità della lattuga è minore se si utilizza una lama opaca invece di una lama affilata.

Il lavaggio dell'articolo tagliato elimina lo zucchero e i diversi integratori presenti sulle superfici tagliate, che favoriscono lo sviluppo microbico e la colorazione dei tessuti. A causa dei contrasti nella disposizione e nell'arrivo degli integratori con la preparazione, alcuni articoli, ad esempio i cavoli, sono noti come articoli "disordinati". È consigliabile mantenere linee di manipolazione indipendenti o pulire completamente la linea prima che un altro articolo segua il cavolo. L'umidità libera deve essere totalmente evacuata dopo il lavaggio. Di solito si utilizza la centrifugazione, anche se si possono utilizzare anche vagli a vibrazione e impatti d'aria. La procedura deve espellere in ogni caso una quantità di umidità simile a quella che l'articolo ha trattenuto durante la preparazione. È stato indicato che l'espulsione di un po' più di umidità (cioè un leggero decapaggio dell'articolo) favorisce una maggiore durata post-trattamento.

Fardelli, atmosfere modificate e manipolazione

Il cloruro di polivinile (PVC), utilizzato fondamentalmente per il rivestimento, e il polipropilene (PP) e il polietilene (PE), utilizzati per i sacchi, sono i film più utilizzati per il confezionamento di articoli poco maneggevoli. I film multistrato, spesso derivati dall'acido etilenvinilacetico (EVA), possono essere realizzati con tassi di trasmissione del gas diversi. Per la lattuga preparata all'origine, è stato utilizzato un sacco in PE co-espanso con EVA da 2,5 mil e 8%. Gli articoli vengono regolarmente impacchettati sotto vuoto a metà o dopo un lavaggio con varie miscele di gas (ossigeno, anidride carbonica, monossido di carbonio e azoto). L'impacchettamento sotto vuoto e il lavaggio con gas creano rapidamente un clima diverso e aumentano il tempo di utilizzabilità realistica e la natura degli articoli trattati. Ad esempio, la caramellizzazione della lattuga tagliata avviene prima che il respiro dell'articolo crei un ambiente vantaggioso. Per altri articoli, ad esempio le cimette di broccoli a rapida respirazione, vengono utilizzate pellicole di ostacolo impermeabili con "patch" di strato penetrabile per modificare l'ambiente attraverso il respiro dell'articolo. Non è ancora chiaro quali siano i film e le arie perfetti per gli articoli trattati in modo trascurabile. A prescindere dai requisiti climatici unici per i vari articoli, è necessario considerare le particolarità delle catene di trattamento, in particolare i loro tempi di permanenza e le variazioni di temperatura.

I climi alterati che meglio mantengono la qualità e la durata di vita degli oggetti trattati in modo insignificante hanno una portata di ossigeno compresa tra il 2 e l'8% e gruppi di anidride carbonica compresi tra il 5 e il 15 per cento.

Convergenze di monossido di carbonio dal 5 al 10% in condizioni di basso ossigeno (<5%) impediscono la caramellizzazione e diminuiscono lo sviluppo microbico, prolungando il tempo di utilizzabilità realistica della lattuga e di altri prodotti.

Capitolo 13: Dibattito "organici" o "idroponici"

C'è una grande barzelletta pubblica sulla valutazione del compost e sulle tecniche "naturali", molti individui potrebbero voler applicare il "biologico" all'idroponica. Ora, segmenti riconosciuti di concime naturale necessitano di creature viventi nella terra per trasformare i materiali "naturali" in una struttura utilizzabile dalle piante.

In idroponica, forniamo legittimamente i minerali necessari allo sviluppo delle piante, eliminando completamente il terreno e il fabbisogno di creature. Il risultato è un tasso di sviluppo, una resa e una qualità del raccolto molto più elevati rispetto alle tecniche naturali. Questo non è ciò che pochi hanno bisogno di sentirsi dire, tuttavia è una semplice verità logica - e a tutti gli effetti, tutti i ricercatori e gli istruttori di orticoltura e scienze lo sanno e saranno i primi a concordare. Infatti, i tipi di materiali approvati per l'uso secondo le linee guida "naturali" non sono abbastanza adatti per essere utilizzati per l'idroponia.

Per miscelare i nostri fertilizzanti idroponici utilizziamo solo gli additivi più puri e incontaminati, compresi i nutrienti e i minerali farmaceutici. Le linee guida "naturali" non consentono l'uso di fissatori puliti o raffinati; tutti i compost "naturali" per il fissaggio devono essere nella loro caratteristica struttura ruvida - il risultato può essere un grado sfavorevole di contaminanti e veleni, oltre a "un'insolvenza estremamente bassa." "Naturale" significa definizioni burocratiche, non scienza. La naturalità è la tecnica di coltivazione, non il significato del prodotto stesso. Non esiste nulla come "prodotti naturali", esistono solo "prodotti sviluppati naturalmente".

Data questa tendenza, è fondamentale capire le ragioni per cui i prodotti sviluppati in modo "naturale" aumentano questa ubiquità. I clienti devono acquistare prodotti che non siano danneggiati da sostanze sintetiche o tossiche pericolose. C'è un crescente interesse per le tecniche sensibili al nostro fragile pianeta che non danneggiano la terra, l'acqua o l'ambiente. Le strategie idroponiche, se utilizzate in modo appropriato, si adattano bene a questo sistema di qualità. L'idroponica garantisce il terreno perché non lo utilizza. La coltura idroponica richiede meno acqua e quindi è possibile coltivare più cibo con meno acqua. Il letame che utilizziamo per l'idroponica è purissimo e non lascia accumuli sulla superficie dura. Poiché le innovazioni idroponiche sono più efficaci delle strategie in terra, un maggior numero di persone con un minore impatto regionale e naturale può occuparsene.

Discussione sull'idroponica biologica

Negli anni '80 gli americani sono diventati gradualmente più consapevoli del benessere. Il colesterolo è stato eliminato e la pratica è entrata a far parte del nostro programma quotidiano. Oggi, tuttavia, tutto ciò rimane costante, ma molto di più. Quello che mettiamo nel nostro corpo viene esaminato, anche il cibo coltivato dalla terra, che è diventato un'espressione naturale moderna degli anni '90. La gente compra articoli naturali per una pelle sana. Le persone acquistano articoli naturali per una pelle sana, shampoo naturali e persino "abbigliamento naturale".

Tutti sembrano avere bisogno di naturale e i coltivatori idroponici ne sono ben consapevoli. Perché attualmente negli Stati Uniti non ci sono quasi produttori idroponici biologici affermati?

Molti trovano molto difficile sviluppare i loro raccolti in modo "naturale", ma nonostante seguano la maggior parte delle regole, disprezzano tutto ciò che non può ricevere un riconoscimento significativo o la conferma di offrire i loro prodotti nella maggior parte dei normali ristoranti o negozi di alimentari come "naturali". Si può isolare naturalmente dalle tecniche idroponiche? Non possono due promotori cooperare secondo le linee guida affermative degli attuali Stati Uniti? ...

Cosa è biologico e cosa no?

Il dibattito verte su diversi significati di "naturale", molti dei quali variano in modo sostanziale. Ogni Stato ha le proprie linee guida per definire i prodotti come naturali". Inoltre, esistono 36 associazioni non legislative che possono garantire che i prodotti siano naturali. Per esempio, i coltivatori californiani che desiderano definire i loro prodotti come "naturali" devono iscriversi al Dipartimento dell'Alimentazione e dell'Agricoltura della California e superare la loro revisione. L'affermazione del CCOF è discrezionale, tuttavia i prodotti con iscrizione allo Stato della California e accreditamento CCOF possono essere offerti per l'acquisto all'interno dello Stato come "naturale garantito". Se il produttore decide di non cercare la conferma del CCOF, il prodotto può essere offerto per l'acquisto in California come "naturale", ma non "naturale garantito". Qualsiasi prodotto ottenuto al di fuori degli Stati Uniti può essere venduto come "naturale confermato" nel Paese, a condizione che una delle 36 associazioni non legislative lo affermi.

In realtà, i prodotti di qualsiasi Stato possono essere accreditati da una delle associazioni non amministrative, indipendentemente dal fatto che non soddisfino le linee guida naturali dello Stato in cui vengono venduti. Davvero sconcertante! Tutto ciò significa che la denominazione "naturale" implica definizioni burocratiche che possono variare da Stato a Stato e da nazione a nazione. Al fine di stabilire uno standard, la Divisione dell'Agricoltura degli Stati Uniti (USDA), insieme a controllori governativi statali, certificatori non legislativi, acquirenti, associazioni di categoria, trasformatori di alimenti e altre parti interessate, sta elaborando un sistema governativo di parametri di riferimento "naturali".

Nessuno Stato avrà la possibilità di applicare standard più severi di quelli del governo. A un certo punto, questa primavera, le misure governative saranno sottoposte a un periodo di osservazione e di indagine di diversi giorni e, prima della fine del 1996 o della metà del 1997, questi modelli diventeranno legge, o "Frankenlaw"; dovremo stare attenti. Le destinazioni fondamentali della pratica "organica" comprendono quanto segue:

- Evitare l'uso di pesticidi, utilizzando i normali controlli degli insetti (applicati anche da numerosi produttori idroponici);
- pensare al suolo registrando gli integratori e trattando il suolo;
- controllo dell'applicazione di integratori con dipendenza dall'attività di ammortizzazione dell'humus ottenuto dai fertilizzanti.

Lo sviluppo idroponico senza suolo modera l'apporto di integratori grazie a stime più precise dell'integratore solvente. Definizioni miscelate per soddisfare i requisiti ideali di ogni specie vegetale e di ogni fase di sviluppo.

85

Molti acquirenti scelgono prodotti "naturali", ritenendo che questo sia il modo migliore per avere la garanzia di un'alimentazione priva di pesticidi e non pericolosa. Sebbene le strategie di coltivazione "naturali" forniscano colture comunemente migliori e più sicure rispetto a quelle sviluppate da approcci agro-strategici, i sistemi idroponici di oggi possono offrire un nutrimento altrettanto sicuro che, in linea di massima, offre progressi in termini di nutrimento e gusto rispetto ai loro partner "naturali" sviluppati in terra. In ogni caso, per il cliente, il marchio controlla, quindi un numero crescente di coltivatori in tutti gli Stati Uniti sta cercando di ottenere l'accreditamento naturale in qualsiasi modo.

Nel frattempo, tutta questa situazione rappresenta un'enorme difficoltà per i coltivatori idroponici che hanno bisogno di un riconoscimento naturale per i loro prodotti. Il problema principale per i produttori idroponici naturali è la pianificazione del sistema di integrazione senza terriccio. Un problema facoltativo, che riguarda i controllori governativi, è quello di distinguere gli integratori e i substrati idroponici utilizzati, come ad esempio la lana di roccia, che vengono scartati. Dal momento che il "naturale" è in larga misura una teoria di coltivazione che si basa su un dominio sano, la preoccupazione del governo è del tutto ragionevole. Nonostante quest'ultimo fattore faccia poca differenza per la qualità e il benessere del prodotto stesso, l'effetto sul pianeta è un vero e proprio impulso principale dietro la questione della coltivazione "naturale".

Se i coltivatori idroponici riescono a capire come riutilizzare totalmente l'acqua, gli integratori e i terreni di coltura esauriti, allora la questione dell'"affermazione dell'idroponia naturale" diventa molto più fondata, ma resta ancora il problema di definire una miscela di integratori idroponici naturali accettabile. Le linee guida per gli integratori naturali negano l'utilizzo di numerosi sali minerali e sostanze profondamente raffinate, tra cui i nutrienti e le sostanze di valutazione farmaceutica che sono fondamentali per un proficuo piano di integrazione idroponica.

Solo i minerali più scadenti possono essere utilizzati nelle coltivazioni "naturali", che regolarmente non si disgregano bene o contengono quantità di contaminazioni, alcune delle quali sono anche moderatamente pericolose, ma "normali e in linea di massima a posto", come indicato dai misuratori naturali, Per esempio, il fosfato estratto può contenere quantità eccessive di fluoruro, utile per i denti in quantità estremamente ridotte, ma pericoloso per le persone in eccesso. Il fosfato estratto può inoltre contenere modeste quantità di componenti radioattivi, come il radio, che rilascia radon, anch'esso non utile per il benessere umano. Anche i cloruri, pur essendo ammessi per lo sviluppo naturale, vengono normalmente estratti e possono essere terribili per le piante e per il suolo, soprattutto se utilizzati in quantità eccessiva.

Alcuni terreni utilizzati dagli allevatori naturali contengono componenti velenosi come il selenio, che può aggregarsi nei tessuti delle piante e produrre. Sorprendente, vero? Quando vengono raffinati, tutti gli influssi inquinanti o le tossicità, per esempio quelli sopra citati, vengono eliminati, ma i minerali raffinati danno vita a prodotti non naturali.

Il dibattito sull'attività microbica nella terra e quindi non funziona bene nelle applicazioni idroponiche. C'è anche un problema che emerge occasionalmente quando si utilizzano gli escrementi. Il Western Fertilizer Handbook, un'importante guida per gli allevatori americani, ricorda che numerosi disturbi gastrointestinali possono essere ricondotti agli escrementi utilizzati su colture a ciclo naturale. Nella tarda primavera del 1995, un vero e proprio episodio di salmonellosi si verificò a causa di una coltura naturale di meloni che si sviluppava in un terreno preparato con compost di pollo croccante. Le bucce dei meloni erano state contaminate e gli organismi microscopici causarono vere e proprie malattie intestinali ad alcuni acquirenti.

Un'altra osservazione che si può fare è che i vegani severi o gli attivisti per i diritti fondamentali potrebbero sentirsi insultati dall'utilizzo di cene a base di sangue, ossa, corna, piedi e aculei per sviluppare il loro nutrimento, tuttavia, si tratta di integratori essenziali che fanno gola agli allevatori naturali. Come è ovvio, la questione è estremamente complessa e le prospettive sono molteplici. Fondamentalmente, però, l'allevamento "naturale" è in parte teoria e in parte procedura, ma è caratterizzato in modo sconvolgente dal punto di vista burocratico.

Cosa è idroponico e cosa non lo è?

Se una pianta si sviluppa senza terra e con un sistema di integrazione totale, si tratta di idroponia! Può trattarsi di piante semplici, come quelle che brillano nella sabbia, nella roccia o nella lana di roccia con una colata di integratori, o imprevedibili, come un sistema di coltura in acqua totale, ad esempio NFT (Nutrient Film Technique) o aeroponica. Indipendentemente dalla tecnica utilizzata, la via per un'idroponica efficace è quella degli integratori. La coltura idroponica produce un segmento circolare cresciuto grazie a una miscela di integratori essenziali, opzionali e su scala ridotta. Le equazioni per i vari raccolti e le varie condizioni cambiano, ma tutte sono state caratterizzate da un ampio coinvolgimento in un vasto assortimento di rese sviluppate in un'ampia gamma di situazioni in tutto il mondo. I problemi possono verificarsi quando la qualità dell'acqua è scarsa e quando i limiti ecologici di temperature e umidità elevate o basse gravano sulle colture; in ogni caso, quando un ufficio idroponico è organizzato e introdotto in modo appropriato, i rendimenti successivi possono essere notevoli. Informazioni create in Europa, Israele, Canada, Australia e Stati Uniti hanno caratterizzato mix esatti di minerali per un assortimento di raccolti. Le informazioni sono precise al punto che i componenti necessari sono indicati in mS (milisiemens) e uS (microsiemens), un sistema di stima della conduttività elettrica e di calcolo del peso nucleare. Alla luce di queste scoperte, la stazione di ricerca olandese di Aalsmeer ha suddiviso le disposizioni relative agli integratori in tre classi: "An" allude a ricette che sono state ampiamente sperimentate e che possono essere considerate affidabili. "B" indica equazioni che sono veramente nuove ma che funzionano molto bene; possono essere necessarie alcune modifiche prima di passare alla classe "A". Le ricette "C" sono di prova; si possono prevedere grandi cambiamenti prima di passare alla classe B o A. Le ricette sono caratterizzate per una determinata resa che si sviluppa in varie condizioni. Per esempio, i componenti sono indicati per il deposito dei supplementi, mentre un dettaglio diverso è fatto per i supplementi nella "condizione di radice" se si utilizzano i terreni di sviluppo, in particolare la lana di roccia. La condizione radicale presenta per lo più una maggiore convergenza di componenti, poiché i minerali si aggregano nella lana di roccia. Per testare la fissazione all'interno del terreno di coltura, il produttore schiaccia un po' di integratori da un campione del terreno di coltura, esegue un test di conducibilità e di pH essenziale e, di tanto in tanto, invia il campione a un laboratorio per le indagini. Nel caso in cui la convergenza dei componenti nel terreno di coltura si estenda il più possibile, il coltivatore dovrebbe modificare il piano dell'integratore nel deposito o eseguire un lavaggio del terreno di coltura per ridurre la fissazione dell'integratore nella zona radicale. Un'altra ricetta potrebbe essere caratterizzata dal non riciclo dell'integratore, chiamato anche "race to squander", in cui l'integratore viene inviato dal deposito in un'unica direzione attraverso la lana di roccia sul terreno. Questa strategia sta cadendo in disgrazia a causa della contaminazione causata dal deflusso dell'integratore e dalla lana di roccia smaltita.

Prodotti idroponici e salute

Nel 1994 un gruppo di speculatori ha commissionato un test per determinare la sostanza nutritiva e minerale dei raccolti sviluppati in idroponica rispetto a quelli sviluppati in terra, sia naturali che non organici. Il Plant Research Technologies Laboratory di San Jose, in California, ha analizzato pomodori e peperoni dolci; quelli sviluppati idroponicamente hanno utilizzato gli integratori "Vegetation" della General Hydroponics. I prodotti idroponici hanno mostrato un notevole incremento di nutrienti e minerali utili al benessere umano rispetto a quelli sviluppati in terra. Queste informazioni dimostrano l'importanza di un sistema di integrazione adeguato.

I raccolti sono stati sviluppati sulla base della proposta olandese per i pomodori e i peperoni idroponici, e non solo sono risultati di maggiore beneficio per la salute, ma anche il sapore è stato giudicato notevole. I raccolti idroponici sono stati inoltre analizzati per cercare i prodotti sintetici presenti nella "lista delle tossine necessarie" dell'EPA, e non ne è stato trovato nessuno. L'agroalimentare americano sta iniziando ad applicare la coltura idroponica su scala critica.

Enormi uffici aziendali stanno indicando i benefici e producendo alti raccolti con una qualità affidabile negli uffici in Colorado, Utah e Messico. Questi stabilimenti segnano un punto importante per la coltivazione idroponica negli Stati Uniti. Se le iniziative si dimostreranno redditizie a lungo termine, a quel punto lo sviluppo continuerà ad essere consistente, soppiantando gradualmente molti raccolti sviluppati sul campo nel centro commerciale. Gli inglesi applicano da tempo la coltivazione idroponica per risolvere i problemi dei clienti. Le cooperative di coltivazione sviluppano pomodori, cetrioli e porzioni di verdure miste per un'enorme portata.

Van Heinegen Bros. produce ogni anno tre chili di pomodori idroponici per ogni uomo, donna e bambino delle isole britanniche. A fianco di queste iniziative, il governo britannico gestisce un ufficio di ricerca che si occupa di perfezionare le tecniche idroponiche, di controllare le malattie e i parassiti e di proporre nuovi assortimenti di piante. La partecipazione del governo e degli allevatori ha permesso di migliorare la creazione, la qualità e i benefici del raccolto. Sebbene i prodotti ottenuti per via idroponica, pur essendo normalmente privi di pesticidi e di altri pericoli legati agli intrugli, non soddisfino comunemente il significato un po' limitato di "naturale", possono offrire un sapore, un nutrimento, un aspetto, una freschezza e una durata di vita predominanti. Numerosi piccoli coltivatori idroponici stanno percependo queste tendenze del mercato e stanno capitalizzando il colossale interesse per prodotti migliori.

I piccoli coltivatori scoprono che i ristoranti gourmet e i mercati rionali sono lieti di avvicinarsi a prodotti di qualità ineguagliabile, indipendentemente dal fatto che siano sviluppati naturalmente o idroponicamente. Poiché "naturale" è praticamente impossibile, un numero crescente di coltivatori idroponici presenta i propri prodotti come "senza pesticidi". Questo dà all'acquirente la consolazione che i suoi prodotti della terra sono stati sviluppati dopo la testa più significativa dei "prodotti sviluppati naturalmente". Uno dei risultati di questa divisione è che l'espressione "agricoltura naturale" è in declino per l'espressione "orticoltura ragionevole", che si applica sia allo sviluppo naturale che a quello idroponico. Nonostante numerosi coltivatori naturali guardino con disprezzo l'innovazione idroponica, la qualità e la freschezza predominanti dei prodotti idroponici sviluppati privatamente stanno in realtà raccogliendo riconoscimenti pubblicitari.

Un'altra specialità è la creazione di piccoli produttori idroponici, di coltivazioni familiari e persino di ranch urbani in regioni che in genere sono servite da enormi fattorie aziendali lontane. La verità è che i prodotti di alta qualità allevati in modo naturale devono essere coltivati in condizioni davvero perfette e con regolarità in molte zone degli Stati Uniti. Questo comporta che i prodotti siano costosi e che siano inaccessibili o inviati da luoghi remoti, rendendo la qualità difficile da ottenere. Nel "modello naturale, un ottimo terreno è arricchito da fertilizzanti, banchetti di sangue, cene a base di ossa, compost e un gran numero di altre normali revisioni.

Queste parti si separano gradualmente nella terra a un ritmo incongruo con lo sviluppo delle piante; è necessario un procedimento microbiologico per rendere gli integratori accessibili alle piante. Questi microrganismi incorporano numerosi esseri viventi che sono in armonia con la natura e le piante. Se fatto con destrezza, nelle giuste condizioni e con il giusto raccolto, questo è il meglio della natura e della coltivazione. In ogni caso, si contrappone con forza al modello idroponico, dove i microrganismi sono inutili perché le piante conservino gli integratori pronti.

Il ritmo di ingestione dei supplementi di una pianta sviluppata in idroponica è comunemente molto più rapido di quello di una pianta sviluppata in terra poiché in idroponica i supplementi sono in un attimo solventi e accessibili, così come l'ossigeno fondamentale. Le piante idroponiche sono generalmente sviluppate in condizioni generalmente sterili e spesso con controlli precisi, dall'illuminazione fittizia per allungare le stagioni di sviluppo alle strutture colorate del PC che consentono al produttore di adattare realmente la terra alla resa, dove l'idroponica risulta essere solo un pezzo dell'intero quadro. In questo modo il lavoro diminuisce, ma i tassi di sviluppo delle piante, i rendimenti e la qualità aumentano.

Sono stati compiuti numerosi sforzi per creare l'integratore idroponico naturale ideale, ma finora nulla è paragonabile ai sali minerali purificati utilizzati nella pianificazione degli integratori idroponici. Ricordiamo che la Comunità Economica Europea (CEE) ha istituito la classe "naturale minerale" per i nutrimenti sviluppati con i supplementi minerali necessari a potenziare una base naturale di azoto.

Di recente ci siamo occupati del modo in cui le linee guida rurali degli Stati Uniti sono ora stabilite e applicate a livello statale, ma in pratica tutti gli Stati vietano l'uso di sostanze raffinate per sviluppare colture "naturali"; possono essere utilizzati solo minerali estratti. Questo impedisce ai coltivatori naturali di utilizzare sostanze farmaceutiche o alimentari per la preparazione dei concimi. Questo potrebbe essere un pericolo, ma in ogni caso i minerali estratti si separano nella terra. I coltivatori idroponici, invece, devono utilizzare minerali raffinati, dato che i minerali estratti si separano in modo inefficace negli arrangiamenti. Di conseguenza, al momento non è possibile dettagliare un prodotto di qualità superiore.

Capitolo 14: Consigli per la coltivazione dei principianti

Questa pagina è stata pensata per aiutare a rispondere alle domande più importanti che i produttori principianti possono avere quando iniziano a praticare la coltura idroponica. Molte di queste idee sono associate tra loro. Seguite i collegamenti e mettete insieme i pezzi di questo indovinello.

Più si sa, più è semplice sviluppare!

Anidride carbonica

Durante la fotosintesi, le piante utilizzano l'anidride carbonica (CO_2), la luce e l'idrogeno (generalmente acqua) per creare amidi, fonte di nutrimento. Il risultato è l'emissione di ossigeno. La luce è una variabile chiave nella fotosintesi.

Conduttività

Stimare la qualità degli integratori è una procedura moderatamente semplice. Tuttavia, i dispositivi elettronici prodotti per svolgere questo compito sono molto avanzati e utilizzano le più recenti innovazioni dei chip. Per capire come funzionano questi apparecchi, è necessario capire che l'acqua non adulterata non è in grado di dirigere l'energia. Comunque sia, man mano che i sali vengono disgregati nell'acqua non adulterata, l'energia inizia a essere diretta. Un flusso elettrico inizierà a scorrere quando i terminali vivi vengono inseriti nell'impianto. Più sali vengono disgregati, più la disposizione dei sali viene messa a terra e, di conseguenza, il flusso elettrico aumenta. Questo flusso è associato a un hardware elettronico non comune che consente al coltivatore di decidere la qualità risultante della disposizione dei supplementi.

La scala utilizzata per misurare la qualità degli integratori è la conducibilità elettrica (EC) o il fattore di conducibilità (CF). La scala CF è normalmente utilizzata in idroponia. Va da 0 a oltre 100 unità CF. La parte della scala comunemente utilizzata dagli specialisti di piante idroponiche domestiche va da 0 a 100 unità CF.

Il pezzo di scala comunemente utilizzato dai coltivatori idroponici aziendali o di grande portata va da 2 a 4 CF. (qualità per lo sviluppo del crescione e di alcune lattughe stravaganti) fino a circa 35 CF per prodotti biologici, bacche e alberi di lusso. I valori più alti di CF sono utilizzati dai produttori esperti per ottenere reazioni straordinarie delle piante e per molte delle colture all'avanguardia di mezza razza, come ad esempio i pomodori e alcuni peperoni. La maggior parte degli altri tipi di piante si colloca tra queste due cifre e la parte dominante si sviluppa a 13-25 CF.

Novizio

Nel momento in cui un seme inizia a svilupparsi, sta germogliando. I semi vengono fatti germogliare in un terreno di coltura, ad esempio la perlite. A questa procedura sono associati alcuni elementi. Per cominciare, il seme deve essere dinamico - e vivo - e non torpido. La maggior parte dei semi ha una particolare estensione di temperatura che deve essere rispettata. Devono essere disponibili umidità e ossigeno. Inoltre, per alcuni semi, devono essere rispettati i livelli di luce o di torbidità indicati. Controllate i dettagli dei semi per vedere le loro necessità di germinazione.

Le prime due foglie che crescono da un seme sono note come foglie del seme, o cotiledoni. Non sono le vere foglie di una pianta. Il seme costruisce queste prime foglie per fungere da punto di partenza per il nutrimento della giovane pianta che sta nascendo.

Media di sviluppo

La terra non viene mai utilizzata nello sviluppo idroponico. Alcune strutture possono sostenere le piante in via di sviluppo, consentendo alle radici scoperte di avere una presentazione estrema alla disposizione degli integratori. In altre strutture, le radici sono sostenute da un substrato di sviluppo. Alcuni tipi di substrati aiutano anche a mantenere l'umidità e gli integratori. Diversi substrati sono più adatti a determinate piante e strutture. È ideale informarsi sull'insieme delle alternative e ottenere alcune proposte di substrati e supporti prima di investire risorse o costruire un'attività. I principali supporti per lo sviluppo includono:

- Corteccia compostata. È tipicamente naturale e può essere utilizzata per la germinazione dei semi.
- Fango espanso. I pellet vengono riscaldati in una calda caldaia che li fa estendere, ottenendo un risultato finale permeabile.
- Ghiaia. È possibile utilizzare qualsiasi tipo di roccia. Comunque sia, la roccia può aggiungere minerali all'integrazione. Assicuratevi sempre che sia perfetta.
- Oasi. Questo materiale finto, a base di schiuma, è normalmente indicato per il suo utilizzo come base per la pianta nel settore botanico.

- Torba verde. Questo substrato è costituito da materiale vegetale carbonizzato e compattato che è stato decomposto per metà.
- Perlite. Il vetro vulcanico viene estratto da flussi di magma e riscaldato in stufe ad alta temperatura, facendo crescere la modesta quantità di umidità al suo interno. In questo modo il vetro duro si trasforma in piccoli pezzi simili a salviette.
- Pomice. Si tratta di un materiale liscio che viene incorniciato dall'azione vulcanica. La pomice è leggera grazie all'enorme numero di depressioni create dalla rimozione dei fumi dell'acqua ad alta temperatura quando il magma affiora in superficie.
- Lana di roccia. Si ottiene ammorbidendo la pietra ad alta temperatura e trasformandola poi in filamenti.
- Sabbia. Questo mezzo cambia disposizione e viene generalmente utilizzato in relazione a un altro mezzo.
- Vermiculite. Come la perlite, ha un limite di scambio di didascalie moderatamente alto, il che significa che può conservare gli integratori per un certo periodo di tempo in futuro.

Capitolo 15: Tavola periodica degli elementi

A seguire, le nozioni per costruire un impianto idroponico/di acquacoltura per la vostra classe. Ho utilizzato l'assemblaggio meccanico per ben sei anni nel mio gruppo con risultati magnifici. Un acquario da 100 galloni funge da allevamento di pesci. Gruppi di studenti controllano la variazione della biomassa della popolazione ittica (di solito la tilapia) e registrano la quantità di cibo ad alto contenuto proteico consumato. Come acquacoltori cercano di costruire un sistema di cura che amplifichi lo sviluppo dei pesci.

Imprese scientifiche

L'acqua di questa vasca, contenente gli scarti metabolici dei pesci, viene travasata a intervalli regolari attraverso una serie di cinque cilindri idroponici riempiti di basalto. Le piantine in vasi di torba Jiffy 7 sono inserite nelle fessure rotonde dei cilindri. Abbiamo sviluppato numerosi assortimenti di lattuga, spinaci, erbe aromatiche, pomodori, cetrioli, peperoni jalapeno e altrettanti tipi di fiori. Inoltre, le piante rampicanti, come le morning wonders o le four o'clock o le nasturtia, si sviluppano direttamente dall'esterno dell'acquario, inserendo i vasi Jiffy 7 nel polistirolo da rivestimento. Questi vengono rinforzati in modo che si curvino sul tetto.

Tranne nel caso in cui sia richiesto un fotoperiodo particolare, le luci vengono lasciate accese per 24 ore. Lo sviluppo della struttura è rapido. Un raccolto di verdure verdeggianti come gli spinaci o la lattuga dalle foglie delicate viene preparato per essere raccolto in circa un mese. C'è tempo sufficiente per permettere a ogni allievo di ogni classe di sviluppare il proprio raccolto e forse anche per qualche attività individuale eccezionale verso la fine dell'anno. In genere, concludiamo l'incontro con una pizza e una porzione di verdure miste prodotte, ovviamente, con le verdure della classe. Durante l'uso, il quadro può essere utilizzato per mostrare all'esterno numerosi standard logici significativi da un assortimento di ordini, ad esempio la fisiologia delle creature e delle piante, la microbiologia e, ovviamente, la biologia.

Le caratteristiche di sviluppo sono le seguenti. I cilindri idroponici sono prodotti utilizzando un tubo di infiltrazione a parete leggera e con una distanza di quattro pollici. Ogni cilindro è lungo un metro e mezzo e presenta aperture rotonde di 1-1/2 cm di distanza, tagliate ogni sei cm con una sega a tazza. I vasi Jiffy 7 si inseriscono comodamente in queste fessure. I cilindri sono riempiti di rocce ignee leggere che danno un'incredibile superficie di sostegno alle radici. I coperchi degli imbuti di plastica sono incollati su ogni estremità dei cilindri in via di sviluppo. Le aperture a delta sono scavate a un quarto di pollice dalla base di ciascun top e i raccordi a T sono inseriti in ogni foro. Un tubo adattabile da mezzo pollice associa ciascun cilindro a un sifone sommergibile alla base dell'acquario. Le fessure di scarico sono praticate a 1/2 pollice dal bordo superiore di ciascun top. Qui si stabiliscono dei raccordi a T a distanza di un pollice, associati a tubi di plastica. In questo modo si evita qualsiasi allagamento della vasca.

Un orologio a ciclo costante di un'ora attiva il sifone per circa un momento, ogni mezz'ora. Quando l'orologio si spegne, il resto dell'impianto si esaurisce attraverso il sifone e la linea di riempimento. Un orologio da 24 ore dovrebbe accendere le luci a intervalli adeguati alle piante che si stanno sviluppando.

Un acquario da trenta galloni o un negozio dovrebbero essere sufficienti per questo compito. Nel caso in cui si disponga di una scaffalatura per lo sviluppo di piante aziendali, un paio di bolster in alluminio smaltiti costituiscono un'ottima sovrastruttura per un aiuto leggero.

Materiali e costo approssimativo

- 25 piedi di canale di scarico in plastica a pareti sottili (20 dollari).
- 10 piedi di tubo di plastica adattabile con una distanza di 1 (un) pollice ($10).
- 10 piedi di tubo di plastica adattabile a distanza di 1/2 pollice ($6).
- 6 tee di plastica a distanza di 1 pollice (6 dollari).
- 6 tee di plastica a distanza di 1/2 pollice ($5)

Imprese scientifiche

- 2 tubi di cemento GOOP (8 dollari).
- 1 sifone sommergibile per il riciclaggio (80 dollari).
- 8 scatole di roccia vulcanica (40 dollari).
- 1 (uno) orologio per apparecchio on/off 24 ore (7 dollari).
- 1 (uno) orologio da ciclismo coerente da 1 ora ($60)
- Costo totale = 242 dollari

Capitolo 16: Strumenti e attrezzature necessari per la coltivazione di piante in acqua

Se non avete un giardino, è comunque possibile rinverdire lo spazio abitativo con piante vive. Armati degli strumenti giusti per la coltivazione e di un po' di istruzioni, è molto pratico coltivare un bel vivaio in casa.

Ci sono alcune cose da pensare sulla coltivazione indoor prima di concentrarsi e sporcarsi le mani: La coltivazione indoor si inclina perché ha i suoi vantaggi. A differenza del giardino all'aperto, sempre più complesso e articolato, i vivai indoor stanno gradualmente attirando gli specialisti della coltivazione di piante - per il fatto che non si è in una situazione di inattività stagionale. In un vivaio chiuso, potete controllare il terreno delle vostre piante controllando la quantità di cibo, acqua, ombra e luce che ricevono. Le piante coltivate in un ambiente angusto probabilmente dureranno più di una stagione.

Graduale: 7 armi per piantare al chiuso in caso di mancanza di spazio Per molti di noi, piantare al chiuso funziona bene. Sebbene si faccia riferimento all'estensione dell'UGA, supportata dalle autorità del College of Agriculture and the Environment, si spende circa il 90% a memoria d'uomo. Coltivare qualche bella pianta da interno può rendere la vostra casa progressivamente rilassante e attraente, e può giovarvi quando sviluppate qualcosa da mangiare. Le piante da interno sono anche dei caratteristici purificatori d'aria che aiutano ad ingerire l'inquinamento dell'aria interna.

Secondo la National Gardening Association, nella scelta delle piante che crescono bene all'interno è bene vedere i risultati ottenuti dal vivaio. La NGA propone scelte interne di facile comprensione come il guanto, l'erba cipollina e la lattuga, e soprattutto erbe aromatiche come aneto, basilico, rosmarino e salvia per iniziare.

Quando si ottengono le piante (o i semi) preferiti, il duro lavoro non è finito. Essere consapevoli del vivaismo indoor richiede una normale considerazione, ma nessuno ha detto che debba essere noioso. Con questi pratici dispositivi nella riserva del vostro strumento, sarà quasi del tutto difficile mantenere le piante.

Villa manuale

Per i principianti esperti di piante che non hanno idea di cosa c'entrino le fate con lo sviluppo delle piante, leggete attentamente. La differenza fondamentale tra le piante da interno e quelle da esterno è che le piante da interno potrebbero non avere un accesso simile agli integratori. L'aggiunta di concime e fertilizzante a una pianta da interno può fornirle i minerali di cui ha bisogno - quando si smontano forchette a mano affidabili per il terreno e ci si assicura che sia adeguatamente preparato. Forca a mano su Amazon. (Jewson Tools, 5 dollari).

Potatore

Se ricordate con affetto le forbici Fiskars dell'asilo nido, siete nel karma. Fiskars produce anche molti strumenti per adulti - esplicitamente mirati a migliorare le aziende di piantine indoor più imponenti. Includete nella cassetta degli attrezzi per le piante da interno una tronchesina Fiskars PowerGear2, utilizzata dal creatore di Fiskars e coltivatore urbano Russell van

Kraayenburg: Una taglierina ragionevole che offre una presa salda con un impatto estremamente estremo per tagliare steli e rami leggeri fino a 3/4 di pollice di spessore (Fiskars, $ 25).

Trapiantatore

Modesto, solido e semplice da usare, è difficile non amare il trapiantatore manuale ergonomico Radius Garden 101 Ergonomic. Il trapiantatore manuale, progettato con un'impugnatura a raggio naturale in attesa di brevetto per limitare l'affaticamento di mani e polsi, rende semplice portare a termine il lavoro disordinato senza affaticarsi troppo o sprecare vitalità. Questa piccola persona è ideale per piantare bulbi e trapiantare da e verso vasi interni. (Amazon, $16).

Creatore di marchi

Se siete tipi che si divertono a organizzare, questo apparecchio vi farà sicuramente esplodere la gonna. Non solo è divertente giocare con un creatore di nomi, ma è un requisito indiscutibile per la coltivazione indoor, in quanto aiuta a mantenere composte le piante, i mazzi di semi e le forniture. Il creatore di nomi P-Touch - definito da Good Housekeeping forse il miglior apparecchio in assoluto - tiene conto di ogni eventualità. I marchi sono disponibili in un vasto assortimento di tonalità di nastro adesivo con vari stili di testo, disegni di abbellimento e persino immagini a tema vivaistico come fiori e apparecchi. (Amazon, 40 dollari).

Barattolo per l'irrigazione interna

In genere si può fare affidamento sugli svedesi per trovare qualcosa di abbastanza fantasioso da stravolgere le piante da interno. Vincitore dell'IF Product Design Award nel 2010, l'annaffiatoio per piante da interno di Born in Sweden è un'opera di virtuosismo. L'utile ma ragionevole annaffiatoio in acciaio temperato utilizza la forza di gravità per distribuire l'acqua: basta muovere la camera metallica verso l'alto o verso il basso per fermare o avviare la progressione dell'acqua. Utilizzate questo annaffiatoio unico nel suo genere per idratare le vostre piante potate o per coinvolgere i vostri compagni durante una riunione. (Amazon, $50).

Vaso autoinnaffiante

È qui che la linea di demarcazione tra letargico e splendido inizia a oscurarsi solo in parte: il nuovo Aqua Camel è un vaso per piante auto-irrigante che elimina il mistero del tentativo di capire quanto e quanto frequentemente si debbano innaffiare le piante da interno (di solito l'esperienza più difficile da superare come coltivatore indoor). La rinuncia a questa difficoltà di innaffiare troppo o troppo poco implica una minore quantità di piante morte. Il vaso Aqua Camel, autorizzato e sostenuto da orticoltori dell'Università della Florida, ha lo scopo di fornire alle piante potate tutta l'acqua di cui hanno bisogno per rimanere idratate fino a 60 giorni, senza bisogno di ulteriori annaffiature. (Water Camel, 15 dollari).

Misuratore di umidità

Se i vasi auto-irriganti sono troppo all'avanguardia per i vostri gusti e avete bisogno di seguire le regole della semina, c'è un aggeggio anche per questo. Il misuratore di umidità per interni/esterni offre un altro approccio per evitare il problema regolare della scarsa o eccessiva irrigazione delle piante d'appartamento. Il misuratore ad ago, semplice da usare, ha un controllo con codice di ombreggiatura che riflette i livelli di acqua della pianta, senza bisogno di batterie. (Amazon, $10).

Sensore di impianto wi-fi

Per le occasioni in cui è necessario il tocco di un coltivatore esperto, come sempre, c'è un'applicazione che fa al caso vostro. Il Koubachi (ovvero il vostro collaboratore "esperto" nella cura delle piante) utilizza dei sensori integrati per controllare la temperatura del terreno, l'umidità e l'illuminazione delle piante in casa e all'aperto. Utilizzando un iPhone o un'applicazione web, questo piccolo e delizioso gadget che assomiglia incredibilmente a una mazza da golf fungerà da tramite immediato tra voi e le vostre piante domestiche: saprete subito quando il vostro basilico ha bisogno di più acqua o preferisce un posto più soleggiato in cucina. (Amazon, 100 dollari).

Supporto per piante

Una volta acquisiti i fondamenti della coltivazione indoor, è l'occasione ideale per considerare l'introduzione. Invece di sistemare tutte le vostre piante potate in modo impeccabile su un davanzale o su un tavolino, potete sistemarle in modo piacevole e perfetto in un punto essenziale della vostra casa. Un supporto per piante di contorno può essere utilizzato sia all'interno che all'esterno, con fodere per rastrelliere discretamente eccitanti per far defluire l'acqua. Sistemate le piante sui loro supporti, confidate che le

prime foglie crescano e lodatevi per il lavoro svolto.
(Planter's Supply Company, 80 dollari).

Capitolo 17: Suggerimenti e trucchi per coltivare piante sane

Una delle cose più comuni che possono accadere nel vostro vivaio è il momento in cui la pianta si ammala. Come può essere successo? Si svilupperà? Il mio lettore espellerà un bidone? Come posso sbarazzarmene? L'elemento più importante per capire come evitare le malattie è quello che molti chiamano il triangolo dell'infezione (disegno a destra). La malattia può insorgere se si uniscono tre cose: una pianta che può ammalarsi (ospite) e un agente patogeno (come parassiti, batteri o infezioni) che può attaccare la pianta e le condizioni naturali (come l'appiccicosità o la secchezza) che fanno progredire la malattia. Se per caso manca uno di questi elementi, la malattia non si verificherà, quindi la previsione è quella di eliminare un lato del triangolo. Invece di credere che questo problema si presenterà nel vostro vivaio, credete che la migliore barriera alle malattie sia un attacco adeguato. Ecco 10 modi diversi per eliminare ogni lato del triangolo della malattia e mantenere le piante in salute.

Osservate con cautela le piante prima di acquistare grandi radici

L'approccio più semplice per limitare le malattie nel vostro vivaio è quello di non presentarle in nessun caso. Ammalarsi con un'altra pianta non è il tipo di ricompensa di cui abbiamo bisogno. Forse la cosa più difficile da capire è a cosa dovrebbe assomigliare una pianta solida, il che rende difficile sapere se quella di cui si ha bisogno è debilitata.

È un'idea intelligente raccogliere un paio di libri, riviste e inventari che mostrino a cosa assomiglia un buon esemplare. Cercate di non portare a casa una pianta con macchie morte, steli cariati o insetti. Questi problemi possono diffondersi senza problemi alle vostre piante sane e a volte sono difficili da smaltire una volta sistemate.

Oltre a controllare i punti più alti delle piante, valutate costantemente la qualità delle radici. Non è frequente che i clienti lo facciano in un vivaio, ma dovrebbe essere un'azione tipica. Appoggiate la mano sulla superficie del terriccio con il fusto della pianta tra le dita. Con delicatezza, modificate il vaso e scuotete la pianta per liberarla. Potrebbe essere necessario battere il bordo del vaso contro una superficie solida per estrarre le radici dal vaso. Le radici devono essere solide, generalmente bianche e distribuite in tutta la zolla. Radici opache o molli non sono un buon segno. In ogni caso, quando le cime sembrano sane, è solo questione di tempo prima che una struttura radicale rovinata uccida una pianta.

Utilizzare rifiuti di cantiere completamente trattati

Non tutti i materiali presenti in un cumulo di letame si deteriorano allo stesso ritmo. Alcuni materiali possono essersi deteriorati a sufficienza per essere collocati nel vivaio, mentre altri no. La concimazione intensiva del terreno crea temperature elevate per lunghi periodi di tempo, che uccidono gli agenti patogeni presenti nel materiale. I residui vegetali contaminati che non sono stati sottoposti a questa procedura reintrodurranno potenziali malattie nel vostro vivaio. Se non conoscete lo stato del vostro cumulo di fertilizzanti, dovreste evitare di utilizzare i rifiuti del cortile come pacciame sotto le piante delicate e di ricordare i rifiuti contaminati per il vostro cumulo.

Trapiantatore

Modesta, robusta e facile da usare, è difficile non amare la trapiantatrice ergonomica Radius Garden 101. Un trapiantatore portatile, progettato con un raggio naturale in attesa di brevetto per limitare la tensione di braccia e polsi, facilita il lavoro irregolare senza aumentare la vitalità. L'ideale è usare questo omino per piantare bulbi e trapiantarli dentro e fuori da vasi chiusi. (Amazon, $ 16).

Contrassegnare il consulente

Se siete voi a preoccuparvi, questo dispositivo farà senza dubbio esplodere la vostra gonna. Il name maker non è solo divertente, ma è un'indiscutibile esigenza per la coltivazione indoor, in quanto aiuta a tenere sotto controllo le piante da appartamento, le confezioni di semi e le scorte. Il name maker P-Touch - definito forse il miglior dispositivo Good Housekeeping di sempre - tiene conto di tutte le eventualità. I timbri sono disponibili in un'ampia gamma di tonalità di nastro con diversi stili di testo, disegni decorativi e persino immagini tematiche di vivai come fiori e luci. (Amazon, $ 40).

Possibile alimentazione idrica esterna

Di solito ci si può fidare degli svedesi per trovare qualcosa di abbastanza fantasioso da piantare piante d'appartamento sulle loro teste. Victor dell'IF Product Design Award 2010, nato in un bidone per piante svedese, ne è una virtuosa affermazione. L'utile ma ragionevole annaffiatoio in acciaio utilizza la gravità per distribuire l'acqua - essenzialmente muovendo la camera metallica verso l'alto o verso il basso per fermare o avviare la progressione dell'acqua. Utilizzate questo singolare annaffiatoio per idratare le vostre piante potate o incaricate le vostre damigelle di raccogliere. (Amazon, $ 50).

Autogestione del cammino

È un luogo che attira la letargia e un bagliore un po' più scuro: il nuovo Aqua Camel è un vaso per piante ad irrigazione automatica che elimina il segreto di cercare di capire quanto e quanto spesso bisogna innaffiare le piante all'interno. (regolarmente la competenza più difficile come coltivatore indoor). La difficoltà di tracimare e di traboccare comporta un minor numero di piante morte tra le mani. Il vaso autorizzato Aqua Camel, sostenuto da orticoltori dell'Università della Florida, è pensato per dare molta acqua alle piante potate, che devono rimanere idratate per 60 giorni senza ulteriori annaffiature. (Cammello d'acqua, 15 dollari).

Sensore di profondità del contatore

Nel caso in cui i vasi autosigillanti si colleghino in modo irragionevole e si debbano rispettare i dadi e i bulloni per la messa a dimora, esiste un contraccettivo per questo. I sensori di umidità per interni ed esterni offrono un altro approccio per evitare che le piante strane finiscano regolarmente sott'acqua e tracimino. Il contatore ad ago a lettura semplice ha un controllo criptato che riflette i livelli d'acqua nella terra della pianta, senza batterie. (Amazon, $ 10).

Sensore impianto Wi-fi

Per i casi in cui avete bisogno del tocco esperto dei coltivatori, come sempre, c'è un'app che fa al caso vostro. Koubachi (alias il vostro partner nella manutenzione delle piante) utilizza sensori trattati per controllare lo sporco, l'umidità e l'illuminazione delle piante all'interno e all'esterno. Utilizzando un iPhone o un'applicazione Internet, questo meraviglioso gadget che assomiglia incredibilmente a una mazza da golf fungerà da intermediario immediato tra voi e le vostre piante d'appartamento: saprete subito quando il vostro basilico ha bisogno di più acqua o di un posto al sole in cucina. (Amazon, 100 dollari).

Standal

Quando si conoscono le basi della coltivazione indoor, questa è l'occasione perfetta per pensare di presentarsi. Invece di riversare l'intera pianta, perfettamente rifilata, sul davanzale della finestra o sul tavolino, potete sistemarla comodamente e perfettamente nel problema di base della vostra casa. L'espositore a piantana può essere utilizzato all'interno o all'esterno, con un rivestimento energetico discrezionale per i supporti per espellere l'acqua. Posizionate le piante sui loro supporti, credete che le foglie primarie cresceranno e si vanteranno della vostra chiamata consapevole. (Planter's Supply Company, $ 80)

Inoltre, ricordate che più non è meglio quando date da bere alle vostre piante. Il terriccio o i vasi intrisi d'acqua favoriscono l'insorgere di carie radicali e possono anche soffocare le radici, rendendole un obiettivo ovvio per i parassiti che le rovinano.

Cercate di non sciamare le piante

Eliminate gli steli sparsi, danneggiati o vecchi sulle piante che tendono a formare accumuli fini.

Le piante brulicanti producono da sole l'umidità, che permette a malattie come l'accumulo di polveri sottili di prosperare.

Fate attenzione quando separate i trapianti e fate attenzione alle piante in fase di espansione. Le piante brulicanti producono la loro stessa umidità, che permette a malattie come l'accumulo fine (foto, a destra), la ruggine e la muffa di lana di prosperare. Migliorare la corrente del vento intorno alle piante diminuisce questa elevata umidità relativa e permette al fogliame di asciugarsi più rapidamente.

Capitolo 18: Selezione e manutenzione delle piante

Layout anteriore dell'acqua

Il paesaggio lungo la costa presenta problemi che non sono stati riscontrati altrove. La forza della natura lungo la costa può essere incredibilmente brutale. Piogge salate, vento, terreni poveri, condizioni di siccità, sabbia in movimento, tempeste e persino acqua salata dovuta alla lisciviazione limitano il numero di piante che possono essere utilizzate in queste destinazioni. Queste componenti rovinano molte piante delle scene regolari. Allo stesso tempo, l'uso di materiale vegetale può essere la tecnica migliore per controllare la disgregazione causata dalle forze costiere. Le specie ripariali autoctone e naturalizzate sono particolarmente efficaci, in quanto possono richiedere meno supporto e manutenzione. Le informazioni allegate sono da intendersi come un manuale per la riproduzione di scene di lungomare e sono adatte anche a diverse destinazioni con terreni sabbiosi e asciutti.

Per qualsiasi attività commerciale lungo la costa, tenere presente che qualsiasi movimento all'interno del territorio della proprietà o all'interno dell'area della culla di 100 piedi dipende dal dipartimento della Neighborhood Conservation Commission che amministra la legge sulla protezione delle zone umide (MGL Ch.131, sec.40), solo come e tutte le attuali regole permanenti della città. Ciò comporta principalmente il processo di autorizzazione. Le aree della proprietà comprendono corpi d'acqua e zone umide, nonché zone umide con vegetazione frangiata, coste, alture, paludi salmastre, coste marine e paludi salmastre.

Piante e piante

Quando si scelgono le piante per le scene marine, bisogna tenere presente che un paio di piante possono sopportare condizioni difficili di presentazione completa e immediata al mare. Una definizione appropriata delle piante, a seconda delle condizioni esplicite e della posizione del sito, diventa fondamentale ed essenziale per realizzare qualsiasi scena marina. Anche se la brezza e gli spruzzi non possono essere controllati, un'attenta disposizione può ridurre la presentazione a queste condizioni. Le piante possono essere piantate per ospitare piante meno tolleranti. Ad esempio, la rosa rugosa (Rosa rugosa) e il mirtillo (Morella pensylvanica) possono essere utilizzati per erigere una protezione esterna bassa ed estrema in territori diversi dalla costa marina. Dietro di essa si trova una superba colonna sempreverde, ad esempio di pino bianco giapponese (Pinus parviflora) o di cedro rosso orientale (Juniperus virginiana). Quando questo schermo è installato, protegge le piante meno tolleranti, permettendo loro di allinearsi. Installate gli schermi in gran parte con materiali bassi sul lato ventoso e con una brezza alta.

A prescindere dalle condizioni di salinità e ventosità, anche i terreni sabbiosi secchi e penetranti possono presentare problemi comparativi. Una parte essenziale dell'impianto nelle regioni costiere è lo stato di sporcizia. Questo non riguarda solo il coordinamento delle allocazioni costiere o le aree interne oltre la costa. Il terreno sabbioso è secco e necessita di additivi. Quando si prepara il terreno per l'impianto, si prescrive energicamente l'espansione della materia naturale nel territorio di impianto. Il concime trattato con escrementi di terra o torba verde aumenterà la capacità del terreno sabbioso di trattenere l'acqua e gli additivi. In tutta l'area di impianto si dovrebbe installare uno strato di almeno 3" di materiale naturale; meglio se di più. Gli alberi e gli arbusti devono essere piantati utilizzando tecniche appropriate: le aperture di impianto devono essere da tre a diverse volte la larghezza dalla radice della palla e non più profonde della separazione stimata dalla torcia. nel vano di stoccaggio alla base della palla di radice Scoprire il vano di stoccaggio negli alberi e piantarli in modo che le fiamme siano a livello del suolo. La tolleranza all'incantesimo richiederà acqua normale aggiuntiva per tutta la stagione di sviluppo principale. La pacciamatura contribuirà a ridurre l'umidità del suolo e a mantenere le temperature del terreno più fresche. Anche con l'espansione dei materiali naturali, si dovrebbero selezionare piante che si limitano a condizioni sabbiose secche, poiché avranno bisogno di meno supporto e di s olle dopo, si sistemano. Le piante che non si limitano alle donne avranno il requisito di un supporto aggiuntivo e potranno essere più impotenti rispetto a insetti e infezioni.

Come regola generale, utilizzare sempre impianti locali. Il miglior indicatore della ragionevolezza delle fabbriche sarà la rete di fabbriche attualmente in fase di sviluppo nel sito. Le piante attuali dicono molto più di qualsiasi altra cosa sulla località, e la scelta delle piante può essere fatta in base a ciò che esiste attualmente. Se si possono individuare solo alcune piante solide, ad esempio l'erba costiera americana (Ammophila breviligulata), il susino costiero (Prunus maritima), i mirtilli e il cedro rosso, la quantità di altre piante ragionevoli sarà generalmente limitata. In destinazioni diverse con più asilo e terreni migliori, anche con acqua, la nuova miscela di piante solide rifletterà il maggior numero di scelte disponibili.

La gramigna (Eragrostis curvula) è una pianta longeva e impaccante che può essere seminata in aree sabbiose che difficilmente soffiano sabbia. Resistente fino alla zona 7, è adatta a terreni poveri e asciutti e ha una grande struttura radicale che si insedia nei terreni sabbiosi. Si tende a seminare a 5 libbre per sezione di terreno su un letto di semina delicato. Poiché ha bisogno di un terreno caldo per germinare, è meglio piantarla tra il 1° maggio e il 15 giugno e sminuzzarla o sabbiarla. La rullatura o la lavorazione dopo la semina per garantire un ottimo contatto del seme con la terra migliora la germinazione. La gramigna si risistema ogni volta che viene lasciata crescere, rafforzando così il riposo dopo un po' di tempo.

Withers

Nelle scogliere forti o nei territori dove soffia la sabbia, l'erba costiera americana è la pianta migliore da iniziare a piantare. L'erba costiera può essere piantata prima dell'inverno e in inverno fino a metà aprile. L'albero torpido dovrebbe essere piantato a 8" di profondità, con diversi fusti per ogni spazio, a 12"-18" di distanza l'uno dall'altro, a seconda della pendenza e della presentazione, come i limiti di spessore nell'ambiente degli uccelli marini in pericolo o minacciati (vedi stima della Commissione per la conservazione dei quartieri) Gli arbusti, ad esempio la rosa mirtillo e il rugos, possono essere ulteriormente utilizzati in rampicanti una volta che la battigia è stata posata, poiché l'erba costiera proteggerà i fusti degli arbusti dall'area di sabbia impoverita.

Laghi di Sok

Sui terrapieni, l'assestamento del terreno è incredibilmente problematico. Nonostante l'essenza dell'argine sia costituita da vegetazione, le perdite di acqua sotterranea possono dissolvere o far crollare interi segmenti dell'argine. Nel caso di sponde sterili, per mantenere l'argine fino all'insediamento della vegetazione si possono usare pacciame, reti e coperture di decadimento piantate su diverse erbe da seme. Gli alberi non devono essere piantati sulla riva, poiché devono essere utilizzati man mano che si sviluppano a causa del decadimento o della forte brezza. Gli alberi esistenti devono essere potati. Le piante erbacee, con le loro radici resistenti, sono in genere più adatte a bilanciare le piante rispetto agli arbusti. In ogni caso, gli arbusti possono fornire un riparo che assorbe una notevole quantità di pioggia, riducendo così il decadimento, ed è accettabile se usato in miscela con le erbe.

I punti scoperti della scarpata devono essere vegetati al più presto, in modo da garantire una fitta vegetazione per controllare il disgregamento. Evitate di ammassare sterpaglie o rifiuti su una sponda, perché questo non proteggerà la pendenza dalla disgregazione e, a volte, impedirà alle piante in decantazione di formarsi.

Se la punta dell'inclinazione non viene sistemata, la disgregazione dell'argine continuerà a verificarsi. Quando alcuni segmenti di un pendio vengono persi a causa di tempeste invernali, onde, acquazzoni violenti o danni causati dal vento, devono essere sistemati prima che si verifichino ulteriori danni. L'erba marina americana può essere utilizzata per bilanciare la base di numerosi pendii, ma deve essere utilizzata fino alla linea di marea. I rotoli di fibra biodegradabile (bio-log), con i culmi di erba di mare piantati al loro interno, possono essere utilizzati per bilanciare la punta di un argine, permettendo alla vegetazione della riva superiore di insediarsi. Nelle aree protette, l'erba di palude salata (Spartina patens) può essere utilizzata nella zona compresa tra le linee di alta marea media e di alta marea primaverile. Nella zona intertidale si può utilizzare l'erba di mare (Spartina alterniflora). Sia l'erba di mare che l'erba cordata sono disponibili presso i vivai aziendali.

Giardini

Le stesse forze che influenzano gli alberi e i cespugli influiscono sulla forza di un giardino. Nei terreni poveri e sabbiosi, è necessario applicare almeno 6" di terriccio prima della semina o della zollatura. Questo migliorerà le condizioni per una buona fondazione del tappeto erboso, limitando al contempo il potenziale filtraggio degli integratori. Le graminacee da tappeto erboso, ad esempio la festuca masticata, la festuca dura e la festuca strisciante, dovrebbero prevalere sul Kentucky in qualsiasi miscela di sementi o miscuglio di erbe. Queste erbe hanno una maggiore resistenza alle condizioni di siccità e una minore necessità di trattamento con azoto rispetto alla campestre. Utilizzate un concime di avviamento quando seminate o zollate un'altra erba. Per i giardini edificati, l'utilizzo di un compost a scarico moderato (per esempio WIN o Water Insoluble Nitrogen) limiterà anche il potenziale filtraggio degli integratori. L'acqua è fondamentale per uno sviluppo accettabile delle piante, ma un sistema di irrigazione leggero e visitato fa avanzare l'insediamento superficiale del tappeto erboso. Innaffiate i giardini raramente ma in profondità, il terreno deve essere umido fino a una profondità di 6" per favorire un insediamento profondo.

Con l'aumento dell'entusiasmo per l'utilizzo delle piante locali, sono attualmente accessibili in termini economici numerosi miscugli di semi di erbe locali. Il piccolo bluestem (Schizachyrium scoparium) è un'erba locale che si trova in tutto l'alto est, in particolare nelle zone di mare. Tendenzialmente si trova in miscuglio con le festuche fini, così come in miscuglio con la gramigna (Deschampsia flexuosa) e la carice della Pennsylvania (Carex pensylvanica).

Le erbe locali possono essere lasciate a formare una collinetta, ma trarranno vantaggio da un taglio annuale per uccidere le piante legnose che vi si insediano. Se si desidera tagliare l'erba, è necessario mantenerla ad un'altezza di 2½" - 3".

Strisce di cuscino

In relazione all'erba, è necessario mantenere una striscia cullare vegetata tra la zona di attività e la regione di intervento umano. Una fascia cullare può controllare la disgregazione che si verifica a causa del ruscellamento che cade sul punto più alto e lungo la parete di un argine.

Vie e strutture di camminamento

Le persone vogliono sempre accedere all'acqua; questo porta spesso le persone a passeggiare lungo una riva o su una collina. Se l'accesso non è garantito da una via, da una passeggiata o da un'altra opzione per procedere, l'intero territorio sarà interessato dall'attività dei pedoni, portando di tanto in tanto a un'estrema disgregazione. Per ovviare a questo problema, è necessario introdurre passeggiate o scale per chiudere i percorsi esistenti che causano la disgregazione. I passaggi e i bordi possono essere piantati con cespugli spessi o spinosi per debilitare l'accesso. La rosa rugosa o l'olivello spinoso (Hippophae rhamnoides) sono scelte accettabili, ma qualsiasi pianta radicata funzionerà. Si possono introdurre recinzioni di sabbia per limitare l'accesso ai territori in via di disgregazione. Prima di costruire qualsiasi struttura, ad esempio una scala o un sentiero, è necessaria una licenza. Prima di procedere alla costruzione di una struttura, è necessario informarsi presso la Commissione per la Conservazione dei Beni Culturali della zona.

Conclusione

Come la maggior parte di voi sa, è da molto tempo che mi sto cimentando con le strutture idroponiche ed è stato molto affascinante scoprire le sue peculiarità e quali ortaggi si sviluppano meglio e quali invece le disdegnano.

Tra le piante che sviluppo, quelle che si sviluppano meglio che in terra sono i peperoni, le lattughe e le fragole. Queste tre piante sono praticamente tutte quelle che svilupperò in idroponia in futuro.

Ce ne sono altre che si sviluppano bene, ad esempio le cipolle, che raggiungono dimensioni enormi, ma dato che non le coltivo per lo spettacolo è un po' irrilevante sviluppare cipolle da calcio per la cucina. Anche le carote si sviluppano bene e senza danni alla mosca radicale, ma sono limitate a quelle a palla. Anche i fagiolini si sviluppano bene, ma nel mio impianto posso sviluppare solo i tipi più piccoli e desidero molto l'assortimento rampicante. Immagino che i fagioli Runner, di dimensioni ridotte, si sviluppino altrettanto bene, ma non li ho mai provati. Anche i cetrioli si sviluppano bene, ma essendo piante rampicanti, ho un problema di altezza simile a quello dei fagioli.

I pomodori sono un'eccezione. Si sviluppano incredibilmente bene in idroponica, e nel corso degli anni ho sviluppato un'ampia gamma di assortimenti e li ho confrontati con assortimenti simili sviluppati in terra. Quelli idroponici avevano più prodotto organico per pianta e più prodotto naturale rispetto a quelli coltivati in terra, ma in ogni situazione quelli idroponici avevano un sapore quasi nullo rispetto ai loro simili sviluppati in terra.

Questo è probabilmente il motivo per cui la maggior parte dei pomodori acquistati in negozio sono del tutto insipidi, dato che a questo punto immagino che quasi tutti i pomodori sviluppati a livello monetario siano idroponici.

Il primo lavoro pubblicato sulla coltivazione di piante senza terra è stato il libro del 1627 Sylva Sylvarum di Francisco Bacon. La coltura acquatica divenne rapidamente una tecnica di ricerca popolare dopo la sua pubblicazione, ma fu solo negli anni Venti che l'idea prese veramente piede.

Nel 1929, William Frederick Gericke dell'Università della California a Berkeley iniziò a promuovere l'idea che una coltura risolutiva potesse essere utilizzata per la produzione agricola. Gericke ha coltivato con successo nel suo giardino viti alte 25 piedi utilizzando nutrienti minerali al posto del terreno. Oggi questa tecnologia è utilizzata in tutto il mondo.

L'uso della tecnologia di produzione idroponica delle piante presenta molti vantaggi rispetto ai metodi di coltivazione tradizionali. Nella coltura idroponica, le radici delle piante hanno un accesso costante a una riserva illimitata di ossigeno e all'acqua. Questo aspetto è particolarmente importante perché è un errore comune quando si coltiva troppo o troppo poco. L'idroponica elimina questo margine di errore controllando le quantità di acqua, sali minerali e ossigeno.

Altri vantaggi della tecnologia idroponica sono la possibilità di controllare meglio la nutrizione delle piante, un notevole miglioramento della quantità e della resa, intervalli di crescita più brevi per molte piante, alte percentuali di successo nella propagazione, risparmi, assenza di pesticidi ed erbicidi e un uso più efficiente dello spazio. Poiché la popolazione mondiale continua a crescere, è proprio quest'ultimo punto a rendere la tecnologia così utile.

L'idroponica può potenzialmente sfamare gran parte della popolazione mondiale e consentire ai Paesi del Terzo Mondo di nutrire la propria popolazione, anche in luoghi dove il terreno è povero e l'acqua scarseggia. Questa tecnologia può essere utilizzata anche come preziosa fonte di produzione alimentare in luoghi dove lo spazio scarseggia.

A Guangzhou, in Cina, sono stati installati 14 contenitori sul tetto di 1.600 piedi quadrati, che producono centinaia di chili di verdure ogni anno. I serbatoi fanno parte di uno studio che cerca di dimostrare ai residenti e agli sviluppatori di una città cinese che i loro tetti possono creare una fornitura regolare di verdure che è persino più economica delle alternative acquistate al negozio. Pubblicati a luglio sulla rivista Agronomy for Sustainable Development, i risultati dello studio descrivono un modello commerciale completo per la coltivazione idroponica sui tetti, un metodo già utilizzato negli Stati Uniti, in Canada e in Europa.

Entro il 2020, la popolazione di Guangzhou dovrebbe quasi raddoppiare, passando dai 9,62 milioni del 2010 a 15,17 milioni. Con l'aumento della popolazione, è necessario produrre più cibo, creare posti di lavoro e ridurre l'impronta di carbonio del trasporto degli alimenti verso le città.

Citato da Quartz, un ricercatore associato al Worldwatch Wanquing Zhou Institute: "Le capriate per tetti sono necessarie non solo nelle città cinesi, ma anche in tutte le grandi città che dispongono di risorse (tetti, acqua, luce solare) e che fanno ancora molto affidamento sul cibo prodotto su lunghe distanze". "

La possibilità di coltivare e produrre cibo nelle città elimina l'impronta di carbonio creata dal trasporto degli alimenti dalle zone rurali ai centri urbani. Dall'altra parte del Pacifico, le città di New York, Chicago e Montreal hanno ottenuto un certo successo con le fattorie idroponiche sui tetti. Gotham Greens ha quattro serre idroponiche sui tetti di New York e Chicago, che producono verdure a foglia, erbe e pomodori. L'azienda canadese Lufa Farms è stata premiata per aver aperto la sua prima serra commerciale sul tetto nel 2011 e ora ha una seconda serra in città, che produce 120 tonnellate all'anno.

Con la continua crescita della domanda da parte dei consumatori di alimenti prodotti e reperiti in modo sostenibile, si prevede che le fattorie idroponiche sui tetti, come quelle del Nord America, continueranno a comparire nelle città di tutto il mondo. La rapida urbanizzazione in Paesi come la Cina e la conseguente riduzione dei terreni disponibili per le attività agricole costringeranno le persone a trovare nuove idee e tecnologie per soddisfare le esigenze di una popolazione più numerosa in spazi più ridotti.

Il progresso della tecnologia idroponica da quando Gericke ha promosso l'idea ha reso possibile l'agricoltura senza terra nelle aree urbane. Questo metodo semplice ma efficace è essenziale per affrontare il problema dell'approvvigionamento alimentare sostenibile, dato che la popolazione mondiale continua a crescere.

Per chiunque nel Regno Unito voglia provare la tecnologia, all'inizio di quest'anno Ikea ha introdotto una gamma di prodotti per il giardinaggio idroponico nell'ambito della collezione Krydda / Växer.

Il sito web di Ikea dice: "Chiunque può coltivare un giardino", e la collezione contiene tutto ciò che serve per mettere le dita nel verde e iniziare a coltivare le proprie erbe e la propria lattuga.

Con una popolazione mondiale di quasi 7,5 miliardi di persone e una prosperità globale e il desiderio di cibo troppo ricco di risorse per crescere troppo, è chiaro che l'agricoltura deve diventare più produttiva.

Un modo per soddisfare il futuro fabbisogno alimentare potrebbe essere la coltivazione idroponica: coltivare piante senza terra, invece di utilizzare sostanze nutritive con soluzioni nutritive per fornire acqua e minerali alle radici. Anche se sembra fantascienza, non è una novità.

Gli Aztechi costruirono fattorie intorno alla città insulare di Tenochtitlan e l'esploratore Marco Polo scrisse di aver visto orti galleggianti durante i suoi viaggi in Cina nel XIII secolo. Negli anni '30, la Pan American Airways creò una fattoria idroponica nel lontano Oceano Pacifico, per poter integrare i suoi voli con il cibo in viaggio verso l'Asia.

Nell'agricoltura convenzionale, il terreno sostiene le radici della pianta, aiutandola a rimanere in piedi e fornendole le sostanze nutritive di cui ha bisogno per crescere. In idroponica, le piante sono sostenute artificialmente e una soluzione di composti ionici fornisce invece i nutrienti. La gestione e la manutenzione di un sistema idroponico possono essere complesse. Le piante hanno bisogno di decine di sostanze nutritive essenziali, la cui quantità ottimale varia a seconda del tipo, della fase di crescita e delle condizioni locali, come la durezza dell'acqua.

Inoltre, alcuni composti reagiscono tra loro e formano sostanze più difficili da assorbire e devono quindi essere forniti separatamente. I produttori idroponici devono avere una buona conoscenza dell'interazione tra piante e nutrienti e devono monitorare attentamente le loro soluzioni e reagire a qualsiasi variazione di concentrazione.

Gli agricoltori devono anche proteggere le soluzioni nutritive dalla contaminazione di sostanze indesiderate. Chiudere i sistemi idroponici in edifici o serre è un modo comune per evitare l'inquinamento delle piante. La coltura idroponica può anche controllare e ottimizzare altri impatti ambientali sulla crescita delle piante, come la temperatura, la luce e la CO_2, aumentando ulteriormente le rese.

Che cos'è l'idroponica?

In teoria, l'idroponica può essere utilizzata per coltivare qualsiasi tipo di pianta. Tuttavia, questa tecnica viene utilizzata principalmente per le piante che crescono efficacemente in condizioni idroponiche, come lattuga, cetrioli, peperoni ed erbe aromatiche. È più comunemente usata per la coltivazione di pomodori in idroponica.

Esempi di trattamento idroponico Nel 2013, Thanet Earth, il più grande complesso di serre del Regno Unito, con sede nel Kent, ha utilizzato la coltura idroponica per produrre circa 225 milioni di pomodori, 16 milioni di peperoni e 13 milioni di cetrioli, pari rispettivamente al

12, 11 e 8% della produzione annuale di queste colture in Gran Bretagna. Attualmente gestisce quattro serre e ha in programma di costruirne altre tre.

A livello globale, il settore dell'agricoltura idroponica è stato stimato in 21,4 miliardi di dollari nel 2015, con un tasso di crescita stimato del 7% all'anno. L'agricoltura sembra evolversi in modo lento ma persistente.

Ma allo stesso modo, all'orizzonte si profilano importanti cambiamenti globali che potrebbero accelerare drasticamente l'uso dell'agricoltura controllata nell'ambiente. Entro il 2050, sulla Terra potrebbero vivere altri 3 miliardi di persone, con oltre l'80% della popolazione mondiale che vivrà nei centri urbani. Abbiamo già utilizzato la stragrande maggioranza dei terreni adatti alla coltivazione, quindi è necessario trovare nuove aree di coltivazione, soprattutto nelle regioni aride.

L'agricoltura urbana verticale è una soluzione estremamente controversa: la creazione di complesse fattorie idroponiche all'interno di edifici, compresi alti grattacieli. In questo modo si risolverebbe il problema dell'esaurimento dei terreni agricoli disponibili e si creerebbero aziende agricole dove le coltivazioni sono necessarie: le nostre città densamente popolate del futuro. Fattorie verticali sono già state costruite in Michigan e a Singapore, e persino in rifugi aerei abbandonati nel sud di Londra.

Mentre progetta missioni spaziali umane che viaggeranno sempre più lontano dalla Terra, la NASA sta studiando se l'idroponica possa essere utilizzata per creare fattorie spaziali per nutrire gli astronauti. In collaborazione con l'Università dell'Arizona, sta cercando di creare un sistema a circuito chiuso che porti i rifiuti umani e la CO 2 in una fattoria idroponica per produrre cibo, ossigeno e acqua. .

La popolazione è in aumento, la terra utilizzata è sempre più piccola e l'idroponica può aiutarci a risolvere alcuni problemi futuri!

———————

Se vi è piaciuto questo libro, fatemi sapere cosa ne pensate lasciando una breve recensione su Amazon. Grazie!

———————

CPSIA information can be obtained
at www.ICGtesting.com
Printed in the USA
BVHW031415060922
646321BV00013B/526